Standard 9/10 Deutsch

Leseheft · *Kurzgeschichten*

Erarbeitet von Merve Klapper und
Maren Scharnberg

Illustriert von Maja Bohn

Textquellenverzeichnis

S. 4 Zimmermann, Tanja: Eifersucht. In: Total verknallt. Ein Liebeslesebuch. Hrsg. v. Marion Bolte. Reinbek: Rowohlt, 1984, S. 119. **S. 8** „Das ist die Geschichte des Musikers Johannes Elisas Alder...“ Aus: Schneider, Robert: Schlafes Bruder. Stuttgart: Reclam, 1992, S. 9. / „Das Telefon summte...“ Aus: Krusenberg, Kurt: Ein verächtlicher Blick. Aus: Ders.: Gesammelte Erzählungen. Reinbek: Rowohlt, 1969, S. 453. / „Als ich fünfzehn war, hatte ich Gelbsucht...“ Aus: Schlink, Bernhard: Der Vorleser. Zürich: Diogenes, 1995, S. 5. / „Dieses merkwürdige elende Selbstgespräch...“ Aus: Langgässer, Elisabeth: Glück haben. Aus: Frankfurter Hefte. 2. Jg., Heft 12, Dezember 1947, S. 1244. / „Im achtzehnten Jahrhundert lebte in Frankreich...“ Aus: Süskind, Patrick: Das Parfum. Zürich: Diogenes, 1985, S. 5. / „Zum Beispiel könnte er das Fahrrad nehmen...“ Aus: Boie, Kirsten: Schließlich ist letztes Mal auch nichts passiert. Aus: Texte dagegen. Autorinnen und Autoren gegen Fremdenhass. Hrsg. v. Silvia Bartholl. Weinheim/Basel: Beltz, 1995, S. 34. **S. 11 ff.** Böll, Heinrich: Anekdote zur Senkung der Arbeitsmoral. Aus: Ders.: Mein trauriges Gesicht. Leipzig: Reclam, 1988, S. 182 ff. **S. 17 ff.:** Becher, Martin Roda: Tod im Stadion. Aus: Hans Dollinger (Hrsg.): Außerdem. Deutsche Literatur minus Gruppe 47 = wieviel? München, Bern u. Wien: Scherz, 1967, S. 447 f. **S. 22 ff.** Weisenborn, Günther: Die Aussage. Aus: Ders.: Memorial. München: Desch, 1947, S. 35-42. **S. 30 f.** Suter, Martin: Die Frau hinter Hostettler. Aus: Ders.: Business Class. Geschichten aus der Welt des Managements. Zürich: Diogenes, 2002, S. 229-231. **S. 36** Heidenreich, Elke und Schroeder, Bernd: Heute Morgen im Südpark. Aus: Dies.: Rudernde Hunde. Geschichten. München: Hanser, 2002, S. 68 f. **S. 39** „Die Wahrnehmung des Komischen...“ / „Auch beschwört das Komische ...“. Aus: Berger, Peter L. Erlösendes Lachen. Das Komische in der menschlichen Erfahrung. Aus dem Amerikanischen von Joachim Kalka. Berlin/New York: de Gruyter, 1998, S. 41 und XI. **S. 40 ff.** Lenz, Siegfried: Ein Freund der Regierung. Aus: Ders.: Das Feuerschiff. 10 Erzählungen. Hamburg: Hoffmann und Campe, 1960, S. 155-163. **S. 52** Monterroso, Augusto: Der Dinosaurier. Copyright der deutschsprachigen Übersetzung © Diogenes AG Zürich. Aus: Obras completas y otros cuentos © 2000 by Librerias Yenny. **S. 55** Tschechow, Anton: Verabschiedung. (Titel vom Herausgeber.) Aus: Kurz und bündig. Die schnellsten Geschichten der Welt. Hrsg. v. Daniel Kampa. Zürich: Diogenes, 2007, S. 105.

Redaktion: Ulrike Staffehl
Umschlaggestaltung: Visuelle Gestaltung Katrin Pfeil, Mainz
Umschlagillustration: Jutta Melsheimer, bildbad, Berlin
Layout und technische Umsetzung: Annika Preyhs für Buchgestaltung +, Berlin

www.cornelsen.de

Dieses Werk berücksichtigt die Regeln der reformierten Rechtschreibung und Zeichensetzung. Bei den mit ☐R gekennzeichneten Texten haben die Rechteinhaber einer Anpassung widersprochen.

1. Auflage, 5. Druck 2023

© 2012 Cornelsen Verlag, Berlin; Oldenbourg Schulbuchverlag GmbH, München
© 2021 Cornelsen Verlag GmbH, Berlin

Druck: AZ Druck und Datentechnik GmbH, Kempten

ISBN 978-3-06-061847-7

PEFC-zertifiziert
Dieses Produkt stammt aus nachhaltig bewirtschafteten Wäldern und kontrollierten Quellen

PEFC

PEFC/04-31-2260   www.pefc.de

Leseheft · Kurzgeschichten

GEFÜHLE KOMMEN ZUR SPRACHE

SEITE 5

2 a) *So könnte deine Lösung lauten:*
Die Geschichte wird aus der Sicht eines jungen Mädchens, der Ich-Erzählerin, erzählt (Z. 8: „Besser als ich."; Z. 14: „Ich will hier weg!").

2 b) *So könnte deine Lösung lauten:*
Die Ich-Erzählerin spricht zu sich selbst und gibt das Geschehen, das sie umgibt, im Präsens wieder. Wir erfahren, was ihr in dem Moment, in dem sie das Geschehen betrachtet, durch den Kopf geht. Die Erzählerin lässt uns sehr direkt an ihren Gefühlen teilhaben.

2 c) *So könnte deine Lösung lauten:*
Die Leserin / der Leser nimmt das Geschehen nicht neutral, sondern durch die Augen der Erzählerin wahr.

SEITE 6

3 *So könnte deine Lösung lauten:*
Bewunderung: „Ja, o.k., sie kann ganz gut tanzen. Besser als ich." (Z. 8)
Eifersucht: „Und der redet mit der ... stundenlang." (Z. 12)
Stolz: „Aber aufstehen und gehen, das könnte der so passen." (Z. 14 f.)
Minderwertigkeit: „[...] finde meine Augen widerlich [...]" (Z. 18)
Erleichterung: „[...] kann gar nicht sagen, wie froh ich bin." (Z. 26 f.)

4 a) *So könnte deine Lösung lauten:*
(Z. 23) Die Handlung setzt ein, als die Ich-Erzählerin aus der Toilette kommt und ein Gespräch mit ihrem Freund beginnt.

4 b) *So könnte deine Lösung lauten:*
(Z. 31 f.) Nachdem die Erzählerin Kirsten in ihren Gedanken stark abgewertet hat, äußert sie sich plötzlich positiv und beurteilt sie als „ganz nett".

5 *So könnte deine Lösung lauten:*
Als der Freund der Ich-Erzählerin Kirsten als „Nervtante" (Z. 29) bezeichnet, hat sie das Gefühl, dass ihre Eifersucht unbegründet ist.

DIE KURZGESCHICHTE: THEORIE UND PRAXIS

SEITE 8

2 *So könnten deine Lösungen lauten:*
„Das ist die Geschichte des Musikers [...]" – Die ersten vier Worte bilden eine Einleitung. → nicht in medias res

„Das Telefon summte, [...]" – Die Situation wird nicht näher eingeführt.
→ in medias res

„Als ich fünfzehn war, [...]" – Der Ich-Erzähler beginnt über Geschehnisse aus der Vergangenheit zu berichten. → nicht in medias res

„Dieses merkwürdig endende Selbstgespräch [...]" – Der Ich-Erzähler nimmt Bezug auf ein soeben gehörtes Selbstgespräch, befindet sich also mitten in der Erzählsituation. → in medias res

„Im achtzehnten Jahrhundert lebte in Frankreich [...]" – Der Erzähler beginnt über Geschehnisse aus der Vergangenheit zu berichten.
→ nicht in medias res.

„Zum Beispiel könnte er das Fahrrad nehmen." – Ohne Einleitung nimmt der Erzähler Bezug auf die Situation einer noch unbekannten Figur.
→ in medias res

ANSICHTEN ÜBER ARBEIT

SEITE 13

3 *So könnte deine Lösung lauten:*
Die Leserin / der Leser erfährt über den Fischer, dass er „ärmlich gekleidet" (Z.1f.) ist und den Tag untätig zubringt („liegt", Z.1; „döst", Z.2; „schläfrig", Z.9).
Der Tourist ist im Gegensatz zu dem Fischer „schick angezogen" (Z.2f.) und wird als sehr aktiv geschildert: Er fotografiert ohne Pause (Z.7), ihm werden Attribute wie „eifrig" (Z.10), „eilfertig" (Z.13) und „flink" (Z.15) zugeschrieben.

SEITE 14

4 a) *So könnte deine Lösung lauten:*
Fischer: sieht Arbeit als Mittel zur Grundversorgung, nicht zum Erwerb von Reichtum (Z.39); ist zufrieden mit dem derzeitigen Zustand, kein Ehrgeiz (Z.87f.)

Tourist: sieht Arbeit als Mittel, um reich zu werden (Z. 63 – 74), und Reichtum als Mittel, um das Leben genießen zu können (Z. 84 – 86), lehnt Faulheit ab (Z. 32 – 35) und wertet Nichtstun als verpasste Chance (Z. 53 ff.)

5 a) *So könnte deine Lösung lauten:*
Werte des Fischers: Genügsamkeit, Genuss, Ruhe
Werte des Touristen: Reichtum, Fleiß, Vorsorge, Einfluss, Ruhe
gemeinsamer wichtigster Wert: Ruhe

5 b) *So könntest du den Wert erklären:*
Der zentrale Wert, den der Fischer und der Tourist teilen, ist Ruhe.
Ruhe bedeutet für beide Genuss des Lebens (Fischer: Z. 28 f., Tourist: Z. 84 ff.).
Der Fischer hat dieses Lebensziel bereits erreicht, der Tourist kann die Ruhe erst genießen, nachdem er ausreichend vorgesorgt hat. Da er aber niemals wissen wird, ob er bereits ausreichend vorgesorgt hat, wird er niemals in den Genuss der Ruhe kommen.

SEITE 15

6 a) *So könnte deine Lösung lauten:*
Der Text ergreift Partei für die Lebenseinstellung des Fischers: Lieber sollte man den Tag genießen, anstatt nach Geld und Erfolg zu streben und dabei nichts vom Leben zu haben.

6 b) *Du kannst hier alle Textstellen anführen, in denen der Tourist negativ dargestellt oder lächerlich gemacht wird.*

6 c) *So könnte deine Lösung lauten:*
Der Tourist wird als hektisch, übereifrig und nervös dargestellt (Z. 14 f., 23, 79 f.). Der Fischer hingegen ist eine in sich ruhende Figur (Z. 42 ff., 87 ff.). Als Folge daraus wirkt der Fischer auf den Leser sympathischer und seine Einstellung zum Leben scheint vernünftiger. Indem der Tourist den Zustand zum Ziel erklärt, das der Fischer bereits erreicht hat, argumentiert er unlogisch und macht sich somit lächerlich (Z. 84 ff.). Der Fischer erscheint ihm dadurch überlegen. Am Ende des Textes beginnt der Tourist, die Überlegenheit der Position des Fischers zu verstehen (Z. 88 ff.). Auch diese späte Einsicht trägt dazu bei, dass der Leser die Lebenseinstellung des Fischers als die richtige empfindet.

4 b) *So könnte deine Lösung lauten:*
Die negative Darstellung der Figur Ellenberger beeinflusst das Bild,
das die Leserin / der Leser sich selbst macht.

5 a) Die überraschende Wendung besteht in dem plötzlichen Tod
Ellenbergers mitten im Gespräch mit dem Ich-Erzähler (Z.77).

5 b) *So sollte deine Lösung lauten:*
Der Leser wird durch den Titel der Kurzgeschichte („Tod im Stadion") und den
ersten Satz („Vor ein paar Tagen bin ich dem Tod begegnet", Z.1) darauf
vorbereitet, dass er in der Geschichte mit dem Thema Tod konfrontiert wird.

6 a) verlassen (Z.2, 8), Spätherbst (Z.2), Düsteres (Z.8), Unheimliches (Z.8),
tot (Z.9), Friedhöfe (Z.11), wenig Trost (Z.12)

6 b) *So könnte deine Erklärung lauten:*
Das an einen Friedhof erinnernde Stadion (Z.11) und die Jahreszeit
Spätherbst als Metapher für die letzte Lebensphase (Z.2) erzeugen eine
düstere, todesnahe Stimmung, obwohl Ellenbergers Tod in Zeile 77 sehr
plötzlich eintritt.

DIE MACHT DER SPRACHE

2 *So könnte deine Lösung lauten:*
Wer? – Gefangener der Gestapo (Erzähler), K. (Mithäftling)
Was? – Gefangener ist durch Aussage eines Mithäftlings bedroht
Wann? – Zeit des Nationalsozialismus
Warum? – Durch die Rücknahme der Aussage kann der Erzähler gerettet
werden.

3 a) *So könnte deine Lösung lauten:*
Der Text wird aus der Ich-Perspektive erzählt („Als ich abends [...]", Z.1).
Wir können die Verzweiflung und Hilflosigkeit mitfühlen („[...] um meine
Verzweiflung zu bezwingen[...] Ratlosigkeit", Z.11–14). Auch wirkt das
Geschehen durch die eingeschränkte Perspektive spannend, weil wir immer
nur so viel wissen wie der Erzähler („Ob es Morse war?", Z.15).

3 b) *So könnte deine Lösung lauten:*

Erzähler	K.
– das Leben des Erzählers scheint bedroht (Z.1–3, Z.45–48, Z.57–58) – ist inhaftiert (Z.3) – fühlt sich verzweifelt (Z.11) und ratlos (Z.14) – kann kein Morse (Z.15–16) – ist auf Kontakt zu seinem Mithäftling angewiesen (Z.20) – Erzähler fühlt sich Rettung nahe, schöpft Hoffnung (Z.70–76) – ist risikobereit (Z.84–86) – scheint gerettet (Z.93)	– K. scheint Morse zu beherrschen (Z.15) – geht auf die Kontaktversuche des Erzählers ein (Z.4–5, Z.25 ff.) – weiß nicht, dass seine Aussage das Leben des Erzählers bedroht (Z.59) – nimmt seine Aussage tatsächlich zurück (Z.91) – hat blaue Augen, ein bleiches Gesicht, ist an den Händen gefesselt (Z.86–88)

SEITE 26

3 c) *So könnte deine Lösung lauten:*

Beschreibung des Ortes	Atmosphäre/Wirkung
– „schwere Zellenmauer des Gestapokellers" (Z.35) – „Es war entsetzlich kalt" (Z.40) – „im Kreis um den engen Gestapohof" (Z.80 f.) – „sechs Mann, immer dieselben, die ich nicht kannte" (Z.79 f.)	– Gefühl der Ausweglosigkeit, des Ausgeliefertseins – Schutzlosigkeit – Beengtheit – Alleinsein, Isolation

SEITE 27

3 e) *So könnte deine Lösung lauten:*

Z.21–24: Zeitdeckung
Begründung: Die Klopfzeichen sind so notiert, dass erzählte Zeit (Zeit, die man benötigt, um die Klopfzeichen zu geben) und Erzählzeit identisch sind.

Z.40–46: Zeitraffung
Begründung: In der Aufzählung wird beschrieben, wie viele Kilometer der Erzähler in neun Monaten in seiner Zelle geht. Die erzählte Zeit umfasst neun Monate, die Erzählzeit wenige Sekunden.

4 *So könnte deine Lösung lauten:*
Eine erste positive Entwicklung vollzieht sich, als K. die Klopfzeichen-Methode des Erzählers versteht (Z. 25–32).
In dem Moment, als K. dem Erzähler versichert, dass er seine Aussage zurückziehen wird (Z. 61), schöpft der Erzähler Hoffnung.
Die endgültige Gewissheit, dass K. seine Aussage gegen den Erzähler zurückzieht und somit eine Rettung möglich wird, erhält der Erzähler, als K. ihm durch Klopfzeichen die Nachricht übermittelt,
dass er die Aussage zurückgenommen hat (Z. 91).

SEITE 28

5 a) *So könnte deine Lösung lauten:*
Was genau wird dem Erzähler vorgeworfen?
Wer ist der Erzähler (Name, Alter, Beruf …)?
Ist der Erzähler durch die Rücknahme der Aussage wirklich gerettet?

5 b) *So könnte deine Lösung lauten:*
Würde der Text keine Fragen offenlassen, müsste der Erzähler für die Erklärungen weit ausholen und Zusammenhänge deutlich machen.
Die Spannung, die durch das Zurückhalten von Informationen erzeugt wird, würde fehlen.

6 *So könnte deine Lösung lauten:*
Es ist anzunehmen, dass der Erzähler als Gegner der Nationalsozialisten verhaftet wurde. Für einen Menschen, der auf Grund seines moralischen Handelns inhaftiert wurde, spielt es eine geringere Rolle, ob von seinen Gegnern die Aussagen als wahr oder unwahr angesehen werden.

SEITE 29

7 a) und **b)** *So könnte deine Lösung lauten:*
Die Kurzgeschichte „Die Aussage" von Günther Weisenborn endet mit dem Satz: „Ich war gerettet" (Z. 92), den der Ich-Erzähler mit dem Zusatz „Vielleicht" (Z. 93) einschränkt und so die Leserin / den Leser in Ungewissheit zurücklässt. Das Ende der Kurzgeschichte ist offen.
Im Vorfeld finden sich im Text allerdings Hinweise, die die Vermutung nahelegen, dass es für den Erzähler doch zu einer Rettung kommt. Der Einstieg „Als ich abends gegen zehn Uhr um mein Leben klopfte, lag ich auf der Pritsche" (Z. 1 f.) vermittelt den Eindruck, der Erzähler erzähle aus dem Jetzt. Dieser Rückblick wäre nur möglich, wenn er überlebt hätte.
Auch Aussagen wie „Das werde ich nie vergessen" (Z. 69) oder „Ich werde nie das erstaunte Aufblicken seiner […] Augen […] vergessen" (Z. 86–88)

vermitteln den Eindruck, dass der Erzähler dies aus einer größeren zeitlichen Distanz äußert, die seine Rettung voraussetzt.

Ob dieser Eindruck sich mit der tatsächlichen Aussageintention des Textes deckt, bleibt offen, da das Ende des Textes den Eindruck der Uneindeutigkeit stehen lässt.

DER SCHEIN TRÜGT

SEITE 30

1 *So könnte deine Lösung lauten:*
Die Redewendung „hinter jemandem stehen" bedeutet, dass man von einem Menschen Unterstützung erfährt.

SEITE 32

3 a) Der Anfang der Kurzgeschichte beginnt mit einer Einleitung, die beschreibt, welche Rolle Maja Hostettler im Leben ihres Mannes übernimmt.

3 b) Vorspann, Prolog, Vorwort, Einleitung

4 *So könnte deine Lösung lauten:*
Der Erzähler wirkt wie ein neutraler Erzähler, der nicht Teil der erzählten Welt ist (Z.1–15). Allerdings gibt es Aussagen, die eine personale Sicht vermuten lassen (z.B. „Die Krawatte kann sie nicht meinen", Z.20).

5 a) *So könnte deine Lösung lauten:*
Die Einleitung besteht vorwiegend aus Satzgefügen. Der sich anschließende Teil, in dem die eigentliche Handlung beschrieben wird, setzt sich zusammen aus Dialogen und kurzen Einschüben des Erzählers („Die Krawatte kann sie nicht meinen", Z.20; „Maja schüttelt den Kopf", Z.26; „Maja hebt die Schultern", Z.28).

SEITE 33

5 b) *So könnte deine Lösung lauten:*
Erzähltempo: insgesamt Zeitraffung
bei den Dialogen und dem Schlusssatz Zeitdeckung

5 c) Der Tonfall der Kurzgeschichte wirkt fast wie eine Reportage.

6 a) *So könnte deine Lösung lauten:*
Die Vermutung liegt nahe, dass Maja und Wellauer ein Verhältnis haben und dass Maja ihren Mann in sein fiktives Verhältnis gedrängt hat, um mehr Zeit mit ihrem Geliebten verbringen zu können.

6 b) *So könnte deine Lösung lauten:*
... die Handlung: Vor allem durch das Verhalten der Ehefrau erscheint im Nachhinein alles wie eine Schein- und Lügenwelt.
... die Figur der Ehefrau: Wirkt sie anfangs als die fürsorgende Ehefrau, scheint sie am Ende nur noch als Figur, die allein aus Berechnung und zu ihrem eigenen Vorteil handelt.
... den Titel: Dadurch, dass die Ehefrau nicht als Stütze hinter ihrem Ehemann steht, sondern ihm in den Rücken fällt, erscheint der Titel ironisch.

SEITE 35

3 a) Einleitung: Z.1
Hauptteil: Z.2–15
Schluss: Z.16–23

3 b) In der Einleitung fehlen Angaben zum Thema und zur Textsorte.

3 c) Überflüssig sind folgende Angaben:
– „[...] und hört ihm beim Abendessen stets aufmerksam zu, wenn er von der Arbeit erzählt. Sie sucht auch seine Krawatten aus." (Z.5–6)
– „Hostettler muss sie am Telefon ‚Mäuschen' nennen und so tun, als sei sie seine Geliebte." (Z.8–10)
– „[...] und dort Champagnerimbisse für zwei bestellen." (Z.13 f.)

3 d) *So könnte deine Lösung lauten:*
Die Beurteilung Majas ist insgesamt nachvollziehbar, denn sie spielt ein doppeltes Spiel. Ob sie allerdings tatsächlich auch von der verbesserten Beziehung ihres Mannes zu Wellauer profitiert, erwähnt der Text nicht.

4 *So könnte deine Lösung lauten:*
Die Kurzgeschichte „Die Frau hinter Hostettler" von Martin Suter handelt davon, wie eine Ehefrau ihren Mann auf sehr kalkulierte Art hintergeht. Maja Hostettler ist eine der Hauptfiguren. Über ihr Äußeres gibt der Text keine Hinweise. Sie hat aber ein starkes Gespür für alle karriererelevanten Fragen ihres Mannes. Daher ist sie gerade in beruflichen Fragen seine engste Beraterin (Z.1–2).
Maja hat großen Einfluss auf ihren Mann, was sich insbesondere darin zeigt, dass er auf ihren Wunsch hin eine Affäre vortäuscht, angeblich, um seinem Chef damit zu imponieren. Als sich der Erfolg der vorgetäuschten Affäre herausstellt, muss Hostettler auf Majas Anweisung hin noch weitergehen: „Maja doppelt sofort nach." (Z.41) Hostettler muss sich auf ihre Anweisung hin jeden Freitag ein Zimmer im Hilton mieten (Z.41–43). Das Leben der Hostettlers verläuft nun so, wie Maja es bestimmt.
Wie das Ende der Kurzgeschichte zeigt, führt Maja ein doppeltes Spiel. In ihrem Handeln zeigt sie sich berechnend und hinterhältig. Als Hostettler sich

Sorgen macht, dass eine vorgetäuschte Affäre auch Maja schaden könnte, gibt sie vor, dies im Hinblick auf seine Karriere ertragen zu können: „Wenn es deine Ausgangslage bei Wellauer verbessert, habe ich ja auch etwas davon." (Z. 30–31) Ihre Skrupellosigkeit geht so weit, dass sie ihren Geliebten im Haus der Hostettlers empfängt: „Vor dem Gartentor parkt Wellauers BMW." (Z. 58) Gerade diese Sicherheit, in der sie sich durch die Macht über ihren Mann wiegt, wird ihr am Ende zum Verhängnis.

KOMISCHES

SEITE 37

2 a) *So könnte deine Lösungt lauten:*
Die Ich-Erzählerin beginnt mit ihrer Erzählung ohne Einleitung.
Dieser unvermittelte Einstieg ist typisch für eine Kurzgeschichte.

2 b) *So könnte deine Tabelle aussehen:*

Zeilen	Kurzzusammenfassung und Erzähltempo
1–2	Die Ich-Erzählerin läuft beim Sport im Park zweimal an einem Eichhörnchen vorbei. *Zeitraffung*
4–27	Im Dialog zwischen Ich-Erzählerin und Eichhörnchen erforscht das Tier die Lebensgewohnheiten der Menschen. *Zeitdeckung*
28–32	Nach dem Gespräch treibt die Ich-Erzählerin weiter Sport und fühlt sich dabei von dem Eichhörnchen beobachtet. *Zeitraffung*

3 *So könnte deine Lösung lauten:*
Weil der Text unvermittelt beginnt und in nur einem Handlungsstrang von einem bemerkenswerten Moment im Leben der Ich-Erzählerin erzählt, sind wichtige Kriterien der Kurzgeschichte erfüllt. Ebenfalls für diese Textsorte sprechen die relativ kurze Zeitspanne und die Begrenzung auf nur einen Ort der Handlung. Der Text ist in der Alltagssprache gestaltet, was ebenso typisch für eine Kurzgeschichte ist.
Im Gegensatz zur klassischen Kurzgeschichte lässt der Text aber wenig offen, sodass kaum Leerstellen von der Fantasie des Lesers zu füllen sind. Auch das Ende ist nicht textsortentypisch, da das Gespräch zwischen Läuferin und Eichhörnchen beendet wird und die beiden auseinandergehen. Daher kann nicht von einem offenen Schluss gesprochen werden.
Trotz der untypischen Elemente kann „Heute Morgen im Südpark" als Kurzgeschichte bezeichnet werden, da der Text die wichtigsten Merkmale dieser Textsorte aufweist.

SEITE 38

4 a) *So könnte deine Antwort lauten:*
Im Dialog wechseln sich die Fragen des Eichhörnchens mit den Antworten der Ich-Erzählerin ab. Das Eichhörnchen stellt meist W-Fragen („Warum klettert ihr nicht auf Bäume?", Z. 6). Die Ich-Erzählerin antwortet sehr knapp, oft nicht einmal im ganzen Satz („Von sprechenden Eichhörnchen, zum Beispiel", Z. 20 f.), manchmal nur mit einem einzigen Wort („Lesen", Z. 16).

4 b) *So könnte deine Erklärung lauten:*
Ohne erzählenden Zwischentext wirkt der Dialog sehr temporeich. Die knappen Antworten der Erzählerin wirken, als wäre sie vom Sport außer Atem. Diese Atemlosigkeit verleiht dem Text zusätzliches Tempo. Das schnelle Hin und Her von Frage und Antwort macht den Dialog frisch und interessant.

5 a) *Diese Stelle solltest du markiert haben:*
„[...] fragte es streng: [...]" (Z. 3–4)

5 b) *So könnte deine Begründung lauten:*
Der Text beginnt mit der Beschreibung einer Alltagssituation (Joggerin im Park). Dass das Eichhörnchen in Zeile 3 plötzlich zu sprechen beginnt, geschieht unerwartet und passt nicht zu dem realistischen Beginn des Textes.

SEITE 39

6 b) *Diese Stellen könntest du genannt haben:*
Z. 12 f.: Für das Eichhörnchen scheint es unbegreiflich, dass Nüsse im Leben der Menschen keine große Rolle spielen.
Z. 20 f.: Die Ich-Erzählerin spielt darauf an, dass ihre Situation absurd ist und sich nur innerhalb einer erfundenen Geschichte abspielen kann.

6 c) *So könnte deine Lösung lauten:*
Der vorrangige Bruch mit der „gewöhnlichen Realität" besteht darin, dass in dem Text ein Eichhörnchen spricht wie ein Mensch. Die Regeln dieser komischen Welt des Textes sehen vor, dass das Tier zwar sprechen kann wie ein Mensch, aber in der Gedankenwelt des Eichhörnchens lebt und argumentiert und die Logik der Menschen nur schwer nachvollziehen kann.

WAHRHEIT UND WIRKLICHKEIT

SEITE 40

1 *So könnte deine Lösung lauten:*
Jemand identifiziert sich mit den Ideen und Programmen der Regierung.

2 a) *So könnte deine Lösung lauten:*

Z.1–16: Die Einladung
Z.17–58: Die Fahrt ins Ungewisse
Z.59–68: Die Ankunft
Z.69–141: Der Freund der Regierung

Z.142–176: Allein mit Bonzo
Z.177–194: Die Übergabe
Z.195–230: Die Rückkehr
Z.231–232: Die Wahrheit

SEITE 46

2 b) *So könnte deine Lösung lauten:*
Z.1–16: Eine nicht näher benannte Regierung lädt Journalisten zu einer Rundreise ein, um sie über die politische Lage des Landes zu informieren.
Z.17–58: Die Rundreise mit einem Reisebus der Regierung führt die Journalisten ins Landesinnere. Sie sehen Soldaten, eine unwirtliche Landschaft und ein Dorf, das wie ausgestorben wirkt.
Z.59–68: Die Journalisten werden mit einem Mann, vermutlich einem Einheimischen, bekannt gemacht.
Z.69–141: Der Regierungsbeamte verweist darauf, dass der Einheimische, Bela Bonzo, den Journalisten Antwort auf ihre Fragen geben wird. Dem Journalisten fällt auf, dass Bonzo die Schneidezähne fehlen und dass er eine geschwollene Lippe hat.
Z.142–176: Allein mit Bonzo, versuchen die Journalisten, ihn zu überreden, die Wahrheit über die Regierung und die Lebensumstände der Bevölkerung zu verraten. Bonzo geht auf diese Versuche nicht ein.
Z.177–194: Kurz vor dem Abschied lässt sich Bela Bonzo noch einmal seine Meinung von einem Passanten bestätigen und übergibt bei der Verabschiedung dem Ich-Erzähler heimlich eine Papierkugel.
Z.195–230: Auf der Rückfahrt denkt der Erzähler noch einmal über das Erlebte nach, wagt aber nicht, die Papierkugel zu entfalten.
Z.231–232: Im Hotelzimmer angekommen, öffnet der Erzähler die Papierkugel und sieht, dass sie einen menschlichen Schneidezahn enthält, der von Bela Bonzo stammen muss.

SEITE 47

3 a) *So könnte deine Lösung lauten:*
Bela Bonzo, der hier als Freund der Regierung vorgestellt wird, wirkt so, als sei er dazu gezwungen worden, seine Aussagen zu Gunsten der Regierung zu machen.

3 b) *So könnte deine Lösung lauten:*
Ein scheinbarer Freund der Regierung

3 c) Der Leser erfährt erst am Ende, wie die vorangegangene Handlung zu verstehen ist („seine Oberlippe war geschwollen", Z.74f.; „[...] sah ich, daß ihm die Schneidezähne fehlten", Z.109–110). Durch die heimliche Übergabe des Zahns wird deutlich, dass Bonzo Gewalt angetan wurde, vermutlich um seine Aussagen gegenüber den Journalisten zu erzwingen („Es war ein menschlicher, angesplitterter Zahn, und ich wußte, wem er gehört hatte", Z.231f.).

SEITE 48

4 a) bis **c)** *So könnte deine Lösung lauten:*

Schein-Welt	Sein-Welt
– leise (Z.9)	– weißgewaschene Kiesel (Z.25)
– sanft (Z.12, 31); bescheiden (Z.12)	– totes Land (Z.32, 203)
– Schönheiten (Z.14)	– Fahne der Resignation (Z.48)
– Parks; Mustersiedlung (Z.15)	– rostrot, von großen Steinen bedeckt (Z.52f.)
– fröhlich (Z.23)	– staubgrau; scharfe, schwärzliche Falten (Z.73f.)
– beliebt (Z.26)	– Oberlippe geschwollen (Z.74f.)
– lächelnd (Z.39)	– verkrustete Blutspuren; alter, magerer Hals (Z.76f.)
– eiskalte Getränke (Z.40)	– frische Wunde (Z.88)
– sauber (Z.61)	– trockener, lehmiger Platz (Z.144)
– sorgfältig (Z.78)	
– scherzhaft und ausführlich (Z.175)	
– winkten freundlich (Z.212)	

4 d) *So könnte deine Lösung lauten:*
Um die Sein-Welt zu vertuschen, versucht die Regierung, eine sanfte, angenehme Schein-Welt zu schaffen, die jedoch immer wieder die wahre, menschenunfreundliche Welt durchscheinen lässt. Die sprachlichen Elemente unterstreichen jeweils die Eigenschaften der dargestellten Welten.

SEITE 49

5 a) *So könnte deine Lösung lauten:*
Die ironische Wirkung wird durch Antithetik erzeugt. Es stehen sich inhaltliche Gegensätze gegenüber, d.h. widersprüchliche Elemente, die unvereinbar sind („Zärtlichkeit" vs. „Maschinenpistole").

5 b) *So könnte deine Lösung lauten:*
- Z. 99 –105: „Doch, doch, ich hatte einen Sohn. Wir versuchen gerade, ihn zu vergessen. Er hat sich gegen die Regierung aufgelehnt. Er war faul, hat nie etwas getaugt, und um etwas zu werden, ging er zu den Saboteuren, die überall für Unruhe sorgen."
- Z. 181: „er war ein leidenschaftlicher Freund der Regierung"
- Z. 219 f.: „Niemand von uns zweifelte daran, daß wir in ihm einen aufrichtigen Freund der Regierung getroffen hatten."

6 *So könnte deine Lösung lauten:*
- Z. 41 ff.: „Gegen Mittag fuhren wir durch ein Dorf; die Fenster waren mit Kistenholz vernagelt, die schäbigen Zäune aus trockenem Astwerk löcherig, [...] kein Hundegebell verfolgte uns, und nirgendwo erschien ein Gesicht."
- Z. 55 f.: „Die Halbrundungen der Sprenglöcher warfen schräge Schatten auf die zerrissenen Felswände."
- Z. 72 –73: „Wir blickten freimütig auf Bonzo, der unsere Blicke ertrug, indem er sein Gesicht leicht senkte."

SEITE 51

8 *So könnte deine Lösung lauten:*
Dadurch, dass Ort und Zeit im Text nicht konkret benannt sind, wird der Eindruck erweckt, diese Art Handlung könne überall und jederzeit stattfinden. Die Gesamtaussage des Textes trifft somit auf jede Schreckens- und Gewaltherrschaft der Welt zu und wird in seiner Botschaft überzeitlich.

KURZ UND GUT

SEITE 52

2 *So könnte deine Lösung lauten:*
Auf den ersten Blick wirkt der Text nicht wie eine Kurzgeschichte, da es sich nur um einen Neben- und einen Hauptsatz handelt.

3 *So könnte deine Lösung lauten:*
Der Text „Der Dinosaurier" von Augusto Monterroso enthält die typischen Merkmale einer Kurzgeschichte: Die Handlung ist begrenzt auf einen Ort und auf eine kurze Zeitspanne. Die Geschichte handelt von einem entscheidenden Moment im Leben eines Menschen. Sie beginnt unvermittelt und lässt viele Leerstellen.

4 a) *So könnte deine Lösung lauten:*
ein Erzähler jenseits der erzählten Welt

4 b) *So könnte deine Lösung lauten:*
Jemand wacht auf und sieht, dass ein Dinosaurier, den er vermutlich schon beim Einschlafen erblickt hat, sich noch immer in seiner Sichtweite befindet.

4 c) *So könnte deine Lösung lauten:*
– Was hat vor dem Einschlafen stattgefunden?
– Wie geht die Geschichte weiter?

4 d) *So könnte deine Lösung lauten:*
Dadurch, dass der Nebensatz am Anfang steht, wird eine Art „Pointe" im Hauptsatz möglich. Das, was im Nebensatz erzählt wird, erscheint realistisch. Dass im Hauptsatz plötzlich von einem Dinosaurier die Rede ist, wirkt wie das Eindringen eines Elementes aus einer Fantasiewelt.

8 *So könnte deine Lösung lauten:*
Dadurch, dass die Kurzgeschichte mit der Konjunktion „und" beginnt, wirkt es so, als würde der Text nicht für sich alleine stehen, sondern an etwas vorher Gesagtes anschließen.

9 *So könnte deine Lösung lauten:*
Die Pointe des Textes besteht darin, dass die Gastgeberin am Ende genau das Gegenteil von dem sagt, was die Leserin / der Leser erwarten würde.

Inhaltsverzeichnis

Gefühle kommen zur Sprache

1 Lies die folgende Kurzgeschichte.

Tanja Zimmermann

Eifersucht

Diese Tussi! Denkt wohl, sie wäre die Schönste. Juhu, die Dauer-
welle wächst schon raus. Und diese Stiefelchen von ihr sind auch zu
albern. Außerdem hat sie sowieso keine Ahnung. Von nix und wieder nix hat die ’ne Ahnung.
5 Immer, wenn sie ihn sieht, schmeißt sie die Haare zurück wie ’ne
Filmdiva.
Das sieht doch ein Blinder, was die für ’ne Show abzieht.
Ja, o.k., sie kann ganz gut tanzen. Besser als ich. Zuge-
geben. Hat auch ’ne ganz gute Stimme, schöne
10 Augen, aber dieses ständige Getue. Die geht einem
ja schon nach fünf Minuten auf die Nerven.
Und der redet mit der ... stundenlang. Extra
nicht hingucken. Nee, jetzt legt der auch noch
den Arm um die. Ich will hier weg! Aber auf-
15 stehen und gehen, das könnte der so passen.
Damit die ihren Triumph hat.
Auf dem Klo sehe ich in den Spiegel,
finde meine Augen widerlich, und
auch sonst, ich könnte kotzen.
20 Genau, ich müsste jetzt in Ohnmacht
fallen, dann wird ihm das schon leid tun,
sich stundenlang mit der zu unterhalten.
Als ich aus dem Klo komme, steht er da:
„Sollen wir gehen?“
25 Ich versuche es betont gleichgültig mit
einem Wenn-du-willst, kann gar nicht
sagen, wie froh ich bin. An der Tür frage
ich, was denn mit Kirsten ist.
„O Gott, eine Nervtante, nee, vielen
30 Dank!“ ...
„Och, ich find die ganz nett, eigent-
lich“, murmel ich.

2 Lies die Kurzgeschichte ein zweites Mal und achte beim Lesen
auf die Erzählperspektive.

a) Untersuche, aus welcher Sicht die Geschichte erzählt wird.
Belege dein Ergebnis mit zwei Beispielen am Text.

_____

_____

_____

_____

_____

b) Nenne Besonderheiten der Erzählsituation.
Achte dabei auch auf das Tempus.

_____

_____

_____

_____

_____

c) Diese Art der Erzählsituation nennt man „innerer Monolog".
Erkläre, welche Wirkung mit der Erzählweise verbunden ist.

_____

_____

_____

_____

3 Benenne die Gefühle, die sich in den Worten der Erzählerin widerspiegeln. Nutze Textbelege.

Neid: „Denkt wohl, sie wäre die Schönste." (Z. 1)

_____

_____

_____

_____

4 Untersuche den Aufbau des Textes.

a) Wo beginnt die eigentliche Handlung?
Gib die entsprechende Zeile an.

(Z.   ) Die Handlung setzt ein, als _____

_____

b) An welcher Stelle des Geschehens setzt eine unerwartete Handlung ein?

(Z.   ) _____

_____

5 Erkläre, warum die Ich-Erzählerin am Ende das Gegenteil von dem sagt, was sie vorher dachte.

_____

_____

_____

6 Verfasse zu der Figur der Ich-Erzählerin eine Rollenbiografie*.
Eine Rollenbiografie ermöglicht es, sich – ausgehend vom Text – ein
eigenes Bild von einer Figur zu machen.

Orientiere dich an den folgenden Leitfragen. Du darfst eigene
Vorstellungen ergänzen, wo dir der Text keine Antwort gibt.
Bleibe aber so nah wie möglich an der Textvorlage und schreibe
aus der Ich-Perspektive.

Leitfragen zur Rollenbiografie
Allgemeines
Wie heißt du? Wie alt bist du? Wo und wie lebst du? Wie lässt sich dein Äußeres beschreiben? (Größe, Körperbau, Gesicht, Haare, Kleidung ...) Wie drückst du dich aus?
Herkunft
Wie sind deine Eltern? Welches Verhältnis hast du zu deinen Eltern? Wie wurdest/wirst du erzogen?
Beziehung zu anderen
Wer sind deine Freundinnen/Freunde? Was bedeutet dir Freundschaft?
Innere Haltung
Was ist dir wichtig? (Schule, Familie, Freunde, Hobby ...) Was freut dich? Was ärgert dich? Was macht dir Angst? Wovon träumst du? Wie stellst du dir deine Zukunft vor? Was würdest du gerne können? Was sind deine Stärken, deine Schwächen? Was würden andere von dir sagen? (deine Freunde und „Feinde", deine Lehrer, deine Eltern ...)

* Die Idee der Rollenbiografie stammt aus Theater und Film. Schauspieler/innen nutzen
dieses Verfahren, um sich auf eine Rolle vorzubereiten und sich in die Figur einzufühlen.

Die Kurzgeschichte: Theorie und Praxis

1 Lies das Merkwissen zum Thema „Typische Merkmale von Kurzgeschichten".

> Die **Kurzgeschichte** ist eine moderne Form der **Erzählung**.
> Sie ist in der Regel an folgenden Merkmalen zu erkennen:
> Die Geschichte ist begrenzt auf eine **kurze Zeitspanne**, auf einen oder sehr **wenige Orte** und auf **einen Handlungsstrang** ohne Nebengeschehen.
> Sie handelt von einem **entscheidenden Moment** (oder gar einem **Wendepunkt**) im Leben eines Menschen.
> Die Geschichte beginnt **unvermittelt** („in medias res") und hat einen **offenen Schluss**.
> Im Text wird vieles nur **angedeutet**, was zum Fragen und Weiterdenken anregt („Leerstellen" im Text).
> Meist wird **Alltagssprache** mit einfachem Satzbau verwendet.

2 Untersuche, ob es sich bei diesen Textanfängen um einen unvermittelten Einstieg („in medias res") handelt. Begründe deine Aussagen. Schreibe ins Heft.

Das ist die Geschichte des Musikers Johannes Elias Alder, der zweiundzwanzigjährig sein Leben zu Tode brachte, nachdem er beschlossen hatte, nicht mehr zu schlafen.

Das Telefon summte, der Polizeipräsident nahm den Hörer auf. „Ja?"

Als ich fünfzehn war, hatte ich Gelbsucht. Die Krankheit begann im Herbst und endete im Frühjahr.

Dieses merkwürdig endende Selbstgespräch hörte ich auf der Gartenbank eines ländlichen Sanatoriums, welches gleichzeitig Altersheim war.

Im achtzehnten Jahrhundert lebte in Frankreich ein Mann, der zu den genialsten und abscheulichsten Gestalten dieser an genialen und abscheulichen Gestalten nicht armen Epoche gehörte.

Zum Beispiel könnte er das Fahrrad nehmen. Man kann auch im Regen Rad fahren, zwölf Kilometer sind schließlich nicht die Welt.

Im Folgenden wirst du in drei Schritten dazu angeleitet, selbst eine Kurzgeschichte zu verfassen. Lies dir die Anleitung aufmerksam durch.

1. Schritt:
Im Vorfeld entwirfst du einen Schreibplan. Dabei musst du die folgenden Fragen beantworten.

> Hauptfigur(en):
> Welche äußeren und inneren Merkmale charakterisieren die Figuren?

> Plot:
> Wie ist der Handlungsverlauf?

> Setting:
> Wo findet das Geschehen statt?

> Motive:
> Aus welchen Gründen handeln die Figuren?

> Erzählperspektive:
> Aus welcher Perspektive wird die Geschichte erzählt?

Wenn du alle Fragen beantworten kannst, hast du einen inhaltlichen Rahmen für deine Kurzgeschichte geschaffen.

2. Schritt:
Nun musst du entscheiden, auf welche Weise du die Geschichte erzählen willst, damit es zu deinem Schreibplan passt.
Plane:
- die Erzählsprache (z. B. Jugendsprache, Hochsprache ...)
- die Ordnung der Erzählung (Brüche, Leerstellen, Zeitraffung und Zeitdehnung)
- den Einsatz der Stilmittel (z. B. um eine besondere Stimmung zu erzeugen)
- welche Informationen der Leser erhält und zu welchem Zeitpunkt
- ob es eine Pointe geben soll, die den Leser überrascht

3. Schritt
Hast du an alles gedacht? Überprüfe deine Vorarbeiten mit den typischen Merkmalen, die eine Kurzgeschichte ausmachen (vgl. S. 8).

3 Verfasse nun anhand der drei Schritte eine eigene Kurzgeschichte. Du kannst dafür die Impulse in den Kästen nutzen oder eigene Ideen entwickeln.

a) Mache dir zunächst Notizen entsprechend den Schritten 1–3. Schreibe in dein Heft.

b) Verfasse auf der Grundlage deiner Notizen deine eigene Kurzgeschichte. Schreibe in dein Heft.

- junges Mädchen oder Junge
- verbringt viel Zeit im Internet oder mit dem Handy
- plötzlich neue Situation: kein Internetzugang, kein Handynetz
- fühlt sich auf Medien angewiesen → Entzugserscheinungen in der Wohnung
- zwei Enden möglich:
  Hauptfigur beginnt sich aufzulösen; unklar, ob Traum oder Wirklichkeit; Hauptfigur geht aus dem Haus → erlebt (sieht, hört, riecht, schmeckt) ihre Umwelt neu, mit anderen Augen

- junger Mann; bereitet sich zu Hause auf eine geheime Aktion vor: zieht Tarnkleidung an, packt einen Rucksack
- Leser denkt, junger Mann plant Einbruch
- drei mögliche Enden:
  fährt zur Freundin, macht ungewöhnliche(n) Liebeserklärung/Heiratsantrag; ist Umweltaktivist, hängt Banner gegen umweltschädliches Verhalten an den Kirchturm; Halloween für Kinder

Ansichten über Arbeit

1 Lies den folgenden Text.

Heinrich Böll

Anekdote* zur Senkung der Arbeitsmoral

In einem Hafen an einer westlichen Küste Europas liegt ein ärmlich gekleideter Mann in seinem Fischerboot und döst. Ein schick angezogener Tourist legt eben einen neuen Farbfilm in seinen Fotoapparat, um das idyllische Bild zu fotografieren: blauer Himmel, grüne
5 See mit friedlichen schneeweißen Wellenkämmen, schwarzes Boot, rote Fischermütze, klick. Noch einmal: klick, und da aller guten Dinge drei sind und sicher sicher ist, ein drittes Mal klick: Das spröde, fast feindselige Geräusch weckt den dösenden Fischer, der sich schläfrig aufrichtet, schläfrig nach seiner Zigarettenschachtel
10 angelt; aber bevor er das Gesuchte gefunden, hat ihm der eifrige Tourist schon eine Schachtel vor die Nase gehalten, ihm die Zigarette nicht gerade in den Mund gesteckt, aber in die Hand gelegt, und ein viertes Klick, das des Feuerzeuges, schließt die eilfertige Höflichkeit ab. Durch jenes kaum messbare, nie nachweisbare
15 Zuviel an flinker Höflichkeit ist eine gereizte Verlegenheit entstanden, die der Tourist – der Landessprache mächtig – durch ein Gespräch zu überbrücken versucht. „Sie werden heute einen guten Fang machen."
Kopfschütteln des Fischers.
20 „Aber man hat mir gesagt, dass das Wetter günstig ist."
Kopfnicken des Fischers.
„Sie werden also nicht ausfahren?"
Kopfschütteln des Fischers, steigende Nervosität des Touristen. Gewiss liegt ihm das Wohl des ärmlich gekleideten Menschen am
25 Herzen, nagt an ihm die Trauer über die verpasste Gelegenheit. „Oh, Sie fühlen sich nicht wohl?"
Endlich geht der Fischer von der Zeichensprache zum wahrhaft gesprochenen Wort über. „Ich fühle mich großartig", sagt er. „Ich

---

* **Anekdote:** kurze Erzählung; enthält eine merkwürdige Begebenheit, die für eine Person oder eine Gesellschaftsschicht typisch ist; endet mit einer Pointe; eine Anekdote kann auch eine Kurzgeschichte sein

habe mich nie besser gefühlt." Er steht auf, reckt sich, als wolle er
30 demonstrieren, wie athletisch er gebaut ist.

„Ich fühle mich fantastisch."

Der Gesichtsausdruck des Touristen wird immer unglücklicher, er
kann die Frage nicht mehr unterdrücken, die ihm sozusagen das
Herz zu sprengen droht:

35 „Aber warum fahren Sie dann nicht aus?"

Die Antwort kommt prompt und knapp: „Weil ich heute Morgen
schon ausgefahren bin."

„War der Fang gut?"

„Er war so gut, dass ich nicht noch einmal auszufahren brauche, ich
40 habe vier Hummer in meinen Körben gehabt, fast zwei Dutzend
Makrelen gefangen ..."

Der Fischer, endlich erwacht, taut jetzt auf und klopft dem Touristen beruhigend auf die Schulter. Dessen besorgter Gesichtsausdruck erscheint ihm als ein Ausdruck zwar unangebrachter, doch
45 rührender Kümmernis.

„Ich habe sogar für morgen und übermorgen genug", sagt er, um des
Fremden Seele zu erleichtern. „Rauchen Sie eine von meinen?"

„Ja, danke."

Zigaretten werden in Münder gesteckt, ein fünftes Klick, der
50 Fremde setzt sich kopfschüttelnd auf den Bootsrand, legt die
Kamera aus der Hand, denn er braucht jetzt beide Hände, um seiner Rede Nachdruck zu verleihen.

„Ich will mich ja nicht in Ihre persönlichen Angelegenheiten
mischen", sagt er, „aber stellen Sie sich einmal vor, Sie führen heute
55 ein zweites, ein drittes, vielleicht sogar ein viertes Mal aus und Sie
würden drei, vier, fünf, vielleicht gar zehn Dutzend Makrelen fangen
... stellen Sie sich das mal vor."

Der Fischer nickt.

„Sie würden", fährt der Tourist fort, „nicht nur heute, sondern mor-
60 gen, übermorgen, ja an jedem günstigen Tag zwei-, dreimal, vielleicht viermal ausfahren – wissen Sie, was geschehen würde?"

Der Fischer schüttelt den Kopf.

„Sie würden sich in spätestens einem Jahr einen Motor kaufen können, in zwei Jahren ein zweites Boot, in drei oder vier Jahren könn-
65 ten Sie vielleicht einen kleinen Kutter haben, mit zwei Booten oder
dem Kutter würden Sie natürlich viel mehr fangen – eines Tages
würden Sie zwei Kutter haben, Sie würden ...", die Begeisterung verschlägt ihm für ein paar Augenblicke die Stimme, „Sie würden ein

kleines Kühlhaus bauen, vielleicht eine Räucherei, später eine Mari-
70 nadenfabrik, mit einem eigenen Hubschrauber rundfliegen, die
Fischschwärme ausmachen und Ihren Kuttern per Funk Anweisun-
gen geben. Sie könnten die Lachsrechte erwerben, ein Fischrestau-
rant eröffnen, den Hummer ohne Zwischenhändler direkt nach
Paris exportieren – und dann …", wieder verschlägt die Begeiste-
75 rung dem Fremden die Sprache. Kopfschüttelnd, im tiefsten Herzen
betrübt, seiner Urlaubsfreude schon fast verlustig, blickt er auf die
friedlich hereinrollende Flut, in der die ungefangenen Fische mun-
ter springen.

„Und dann", sagt er, aber wieder verschlägt ihm die Erregung die
80 Sprache.

Der Fischer klopft ihm auf den Rücken, wie einem Kind, das sich
verschluckt hat.

„Was dann?", fragt er leise.

„Dann", sagt der Fremde mit stiller Begeisterung, „dann könnten Sie
85 beruhigt hier im Hafen sitzen, in der Sonne dösen – und auf das
herrliche Meer blicken."

„Aber das tu ich ja schon jetzt", sagt der Fischer, „ich sitze beruhigt
am Hafen und döse, nur Ihr Klicken hat mich dabei gestört." Tatsächlich zog der solcherlei belehrte Tourist nachdenklich von dan-
90 nen, denn früher hatte er auch einmal geglaubt, er arbeite, um eines
Tages einmal nicht mehr arbeiten zu müssen, und es blieb keine
Spur von Mitleid mit dem ärmlich gekleideten Fischer in ihm
zurück, nur ein wenig Neid.

2 Vergleiche die Illustration mit der auf dem Heftcover. Überlege, welche Darstellungsweise du passender findest. Schreibe in dein Heft.

3 Lies die Zeilen 1 bis 18 noch einmal genau. Unterstreiche das Verhalten beider Figuren mit unterschiedlichen Farben. Fasse die Informationen anschließend in ganzen Sätzen in deinem Heft zusammen.

4 Lies die Zeilen 31 bis 88 noch einmal genau.

a) Arbeite die unterschiedlichen Lebenseinstellungen des Fischers und des Touristen stichpunktartig heraus.
Belege deine Ergebnisse durch Angabe der Zeilen am Text.

Fischer: _____

_____

_____

Tourist: _____

_____

_____

b) Fasse die Haltungen zur Arbeit des Fischers und des Touristen in je einem Satz oder als Motto zusammen.

Fischer: _____

Tourist: _____

5 Der Fischer und der Tourist haben sehr unterschiedliche Wertvorstellungen*, teilen aber auch einen zentralen Wert.

a) Trage die Werte in die Grafik auf Seite 15 ein.

b) Erkläre den Wert, den der Fischer und der Tourist teilen, genauer.
Schreibe in dein Heft und belege deine Erklärung am Text.

Der zentrale Wert, den der Fischer und der Tourist teilen, ist ...

---

* Ein Wert ist etwas, was eine Person als positiv empfindet und was sie als Orientierungs-
maßstab in ihrem Leben verwendet (z.B. Ehrlichkeit, Sicherheit, Macht).

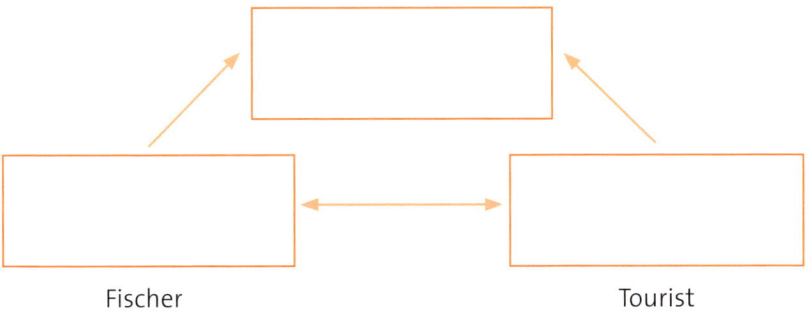

Fischer   Tourist

6 Der Text stellt die Lebenskonzepte der beiden Männer nicht neutral dar. Es wird ein bestimmter Standpunkt vermittelt.

a) Benenne den Standpunkt.

_____

_____

_____

b) Suche drei Zitate, die diesen Standpunkt belegen.

1. _____

2. _____

3 _____

c) Stelle dar, wie der Text seinen Standpunkt vermittelt.
Belege deine Aussage mit Zitaten. Schreibe in dein Heft.

7 Verfasse eine Erörterung zu dem Thema „Die unterschiedlichen Wertvorstellungen des Fischers und des Touristen". Gehe dabei auch auf den gemeinsamen Wert beider ein. Schreibe in dein Heft.

In Heinrich Bölls Kurzgeschichte „Anekdote zur Senkung der Arbeitsmoral" werden zwei unterschiedliche Wertvorstellungen einander gegenübergestellt ...

Anekdote und Kurzgeschichte

1 Handelt es sich bei der „Anekdote zur Senkung der Arbeitsmoral" überhaupt um eine Kurzgeschichte? Lies die folgende kurze Zusammenfassung der wesentlichen Merkmale der Anekdote:

> Gegenstand der Anekdote ist die zugespitzte Schilderung eines bestimmten Ereignisses. Die Figuren können reale Vorbilder haben oder als Stereotype bestimmte Bevölkerungsschichten repräsentieren. Auch das Geschehen bezieht sich manchmal auf ein reales Ereignis. Wegen der Kürze des Textes wird als Erzählform oft der Dialog gewählt. Die Handlung der Anekdote endet mit einer geistreichen oder lustigen Pointe.

2 Ergänze den Merkkasten, indem du dich im Internet über die Anekdote informierst.

3 Erstelle in deinem Heft eine Tabelle. Trage ein, welche der folgenden Inhalte oder Eigenschaften des Textes von Heinrich Böll typisch für eine Kurzgeschichte, und welche typisch für eine Anekdote sind. Gib jeweils eine kurze Begründung und benutze dabei den obenstehenden Kasten sowie den Kasten auf S. 8.

Der Tourist überdenkt seine Lebenseinstellung, dies ist ein wichtiger Moment in seinem Leben • Inhalt ist ein Gespräch, das ca. eine Viertelstunde umfasst • der Fischer und der Tourist sind keine individuellen Charaktere, sondern jeweils typisch für eine Menschengruppe • Ort des Geschehens ist ein Hafen • der Hauptteil des Textes besteht aus einem Gespräch zwischen den beiden • am Ende überrascht der Fischer, indem der feststellt, dass er das Lebensziel des Touristen ohne viel Mühe bereits erreicht hat (Z. 87 f.) • Die Handlung beschränkt sich auf das Gespräch zwischen Fischer und Tourist

4 Überlege nun schriftlich, warum der Text den Titel „Anekdote zur Senkung der Arbeitsmoral" tragen könnte. Schreibe in dein Heft.

Nachdenkliches

1 Lies den Titel und den ersten Satz der Kurzgeschichte von Martin Roda Becher.

2 Überprüfe, ob diese Kurzgeschichte mit einem unvermittelten Einstieg beginnt (vgl. S. 8). Begründe deine Annahme.

_____

_____

_____

_____

Martin Roda Becher

Tod im Stadion

Vor ein paar Tagen bin ich dem Tod begegnet.
Es war auf einer verlassenen Aschenbahn* im Spätherbst. In dieser Zeit wird sie nur noch selten benutzt. Gelbe Blätter bedecken den Boden, die Kälte verlockt nicht zur Leichtathletik. Vielleicht zieht
5 ein Unentwegter* einmal seine Bahn, doch auch dieser ist sicher froh, wenn er seine Runde hinter sich hat und den Ort verlassen kann, voll Genugtuung darüber, dass er zu den Unentwegten zählt. Es ist etwas Düsteres, Unheimliches an diesen verlassenen Sportstätten. Schwimmbäder, Aschenbahnen sind so tot im Winter wie
10 eine Eisbahn im Sommer. Sie erinnern mich seltsamerweise an Friedhöfe. Und die Gewissheit, dass im nächsten Sommer wieder Hochbetrieb sein wird, spendet wenig Trost.
Ich weiß noch heute nicht, warum ich mich darauf eingelassen hatte, laufen zu gehen. Ein nicht sehr gut Bekannter, ein Student der
15 Rechte namens Ellenberger, hatte mich eines Tages aufgefordert, mit ihm etwas Freiluftsport zu treiben. Allein sei es öde, zu zweit

---

* **Aschenbahn:** Rennbahn auf Sportplätzen; Asche war früher Bestandteil des Bodenbelags

* **ein Unentwegter:** einer, der sich nicht abhalten lässt

mache es Spaß. Und da mir, dem seit letzten Sommer schon eingerosteten Tennis-
spieler, etwas Bewegung nicht schaden
20 konnte, sagte ich zu.

Eines Morgens trafen wir uns dann.
Gemeinsam machten wir uns zum Stadion auf.

Er war ein etwas zum Fettansatz neigen-
25 der Mensch mit schwarzen Kraushaaren
auf dem Kopf. Ein manischer* Witzbold,
der für jede Lebenslage einen Scherz
wusste und auch stets die „Neuesten"
kannte. Sehr beliebt – er fehlte auf kei-
30 nem Fest, da unterhaltsam (allein schon
durch sein Aussehen) und bemerkens-
wert trinkfest. Als glatter Kerl wurde er
bezeichnet, was im Alemannischen* so
viel wie lustig, nett, heißen will.

35 Dass er und ich, der im Gegensatz zu ihm
ziemlich unbeliebt und unglatt ist, nicht
prächtig miteinander auskamen, war klar.
Wahrscheinlich hatte er keinen anderen
Kumpan für spätherbstliche Leichtathle-
40 tik gefunden. Und so verfiel er dann eben
auf mich.

Im Stadion angelangt, kannte ich neben dem „Neuesten", den ich
übrigens diesmal nicht besonders fand, bereits jeden der zu dem
Kellerfest Geladenen, das nächsten Samstag stattfinden sollte (ich
45 war nicht eingeladen). Anscheinend würde in dem Keller eine unge-
mein glatte Bande beisammen sein. Er freute sich schon darauf und
schilderte mir einige Scherzartikel, wie Plastikspinnen und so fort,
die er an diesem Abend zu präsentieren gedenke und von denen er
sich umwerfend erheiternde Wirkung versprach.

50 In einer kalten Garderobe, zu der uns ein alter Wärter den Schlüssel
unter vielen Flüchen seinerseits und Beschwichtigungen unserer-
seits ausgehändigt hatte, zogen wir uns um. Auch hier erzählte
Ellenberger viel. Es war, als ob er sich verpflichtet fühlte, ohne

---

* **manisch:** übertrieben ausgelassen
* **Alemannisch:** südwestdeutscher Dialekt

Unterbrechung geistreich zu sein. Es tat meinen Nerven weh. Dabei interessierte ihn meine Person überhaupt nicht. Es war ihm, glaube
55 ich, völlig egal, wessen Ohr seine Späße vernahm. Was mochte er nur tun, überlegte ich, wenn er allein war.

Wir drehten zwei Runden, legten gelegentlich Zwischenspurts ein. Ich war ziemlich erschöpft. Auch er klagte ein wenig. Er hätte am Vorabend zu viel Bier getrunken. „Es gluckst bei jedem Schritt",
60 scherzte er. Nach der dritten Runde begann sich bei mir starkes Seitenstechen bemerkbar zu machen, der Atem ging pfeifend. Meine Angeschlagenheit musternd, rief er mir zu: „Der Amateur* hält besser durch als der Professional*." Womit er auf mein intensives Tennistraining anspielte. Das erboste mich etwas. Ich forderte ihn zu
65 einem Wettrennen über vierhundert Meter heraus. Es ging um eine Maß Bier, wie er vorschlug. Es war eine harte Runde. Dampfenden Atem ausstoßend wie Lokomotiven, zogen wir dahin. Ich dachte oft an Aufgabe. Er gewann mit knappem Vorsprung. Er war härter als ich und gab das Letzte.
70 Ich war auf spöttische Bemerkungen gefasst, doch auch er war zu sehr außer Atem, um reden zu können.

Später zogen wir unsere Mäntel an und setzten uns auf eine Bank, für eine kurze Verschnaufpause.

Den grauen Himmel und dann die Aschenbahn betrachtend, sagte
75 ich: „Es ist schon etwas Trostloses, so Sportanlagen an einem kalten Herbsttag."

Bevor er starb, sagte er noch: „Ich habe kein Bier mehr in mir zum Rausschwitzen." Ich merkte gar nicht sofort, dass er tot war. Dass ein Toter neben mir saß und nicht mehr Ellenberger. Er saß plötz-
80 lich schief da, kraftlos, aufgelöst.

Ein Sekundenherztod, wurde ich später aufgeklärt. Verschluss der Herzarterien.

Es hatte mich sehr beeindruckt. Nicht, dass ich Ellenberger sehr gemocht hatte, aber die Tatsache hat mir zu denken gegeben, „wie
85 schnell es gehen kann".

3 Lies die gesamte Kurzgeschichte „Tod im Stadion" ein zweites Mal.

a) Markiere dabei alles, was du über die Figur Ellenberger erfährst.

---

* **Amateur:** jemand, der etwas nicht beruflich tut; hier: nicht gut ist

* **Professional:** jemand, der etwas beruflich tut; hier: sehr gut ist

b) Ordne die Informationen über die Figur Ellenberger in eigenen Worten den verschiedenen Kategorien in der Tabelle zu.

Kategorie	Zeile	zur Figur Ellenberger
allgemeine Angaben		
Lebensumstände		
Verhalten und Eigenschaften	Z. 16 – 17 Z. 26 – 34	gesellig, braucht Aufmerksamkeit
Wünsche, Ziele, Einstellungen, Absichten		
Verhältnis zu anderen Menschen		

4 Wir erfahren viel über die Figur Ellenberger, allerdings ausschließlich aus der Sicht des Ich-Erzählers.

a) Erschließe die Haltung, die der Erzähler zu Ellenberger einnimmt. Belege dein Ergebnis am Text.

_____

_____

_____

_____

_____

b) Schreibe auf, welche Wirkung diese Erzählperspektive beim Lesen erzeugt.

_____

_____

_____

_____

5 Untersuche den Aufbau der Erzählung.

a) Benenne den Wendepunkt, den Moment, in dem etwas Überraschendes geschieht.

_____

_____

b) Untersuche, wo es direkte Hinweise gibt, die diese Wendung ankündigen. Schreibe in dein Heft.

6 Lies dir noch einmal die Zeilen 3–12 durch.

a) Kreise alle Wörter ein, die sich dem Wortfeld „Tod/Lebensende" zuordnen lassen.

b) Erkläre, wie Ort und Jahreszeit mit dem Inhalt des Textes zusammenhängen.

_____

_____

_____

_____

Die Macht der Sprache

1 Lies die folgende Kurzgeschichte.

Günther Weisenborn

Die Aussage

Als ich abends gegen zehn Uhr um mein Leben klopfte, lag ich auf der Pritsche* und schlug mit dem Bleistiftende unter der Wolldecke an die Mauer. Jeden Augenblick flammte das Licht in der Zelle auf, und der Posten blickte durch das Guckloch. Dann lag ich still.

5 Ich begann als Eröffnung mit gleichmäßigen Takten. Er erwiderte genauso. Die Töne waren fein und leise wie sehr entfernt. Ich klopfte einmal – a, zweimal – b, dreimal – c.

Er klopfte unregelmäßig zurück. Er verstand nicht.

Ich wiederholte, er verstand nicht.

10 Ich wiederholte hundertmal, er verstand nicht. Ich wischte mir den Schweiß ab, um meine Verzweiflung zu bezwingen. Er klopfte Zeichen, die ich nicht verstand, ich klopfte Zeichen, die er nicht verstand.

Ratlosigkeit.

15 Er betonte einige Töne, denen leisere folgten. Ob es Morse* war? Ich kannte nicht Morse. Das Alphabet hat 26 Buchstaben. Ich klopfte für jeden Buchstaben die Zahl, die er im Alphabet einnahm: für h achtmal, für p sechzehnmal.

Es tickten andere Takte herüber, die ich nicht begriff. Es schlug zwei

20 Uhr. Wir mussten uns unbedingt verständigen.

Ich klopfte:

. = a, . . = b, . . . = c

Ganz leise und fern die Antwort:

−. −. −..

25 Keine Verständigung. In der nächsten Nacht jedoch kam es plötzlich herüber, ganz leise und sicher:

., . ., . . .

---

* **Pritsche:** besonders einfache und harte Liege
* **Morse:** von Samuel Morse und Alfred Vail entwickelter Kode zur Übermittlung von Zeichen und Buchstaben durch Signale (z. B. mittels Ton); unterschieden werden lange (−) und kurze Signale (.)

Dann die entscheidenden Zeichen: zweiundzwanzig gleiche Klopf-
töne. Ich zählte mit, das musste der Buchstabe V sein. Dann fünf
30 Töne. Es folgte ein R, das ich mit atemlos kalter Präzision auszählte.
Danach ein S, ein T, ein E, ein H, ein E.
… verstehe …
Ich lag starr und glücklich unter der Wolldecke. Wir hatten Kontakt
von Hirn zu Hirn, nicht durch den Mund, sondern durch die Hand.
35 Unser Verstand hatte die schwere Zellenmauer des Gestapokellers*
überwunden. Ich war nass vor Schweiß, überwältigt vom Kontakt.
Der erste Mensch hatte sich gemeldet.
Ich klopfte nichts als:
… gut …

40 Es war entsetzlich kalt, ich ging den Tag
etwa 20 Kilometer in der Zelle auf und ab,
machte im Monat 600, in neun Monaten
5400 Kilometer, von Paris bis Moskau
etwa, wartende Kilometer, fröstelnd, auf
45 mein Schicksal wartend, das der Tod sein
musste. Ich wusste es, und der Kommis-
sar hatte gesagt, dass bei mir „der Kopf
nicht dran" bleiben würde. Die zweite
Aussage lag eben vor, daran war nichts zu
50 ändern. Es war nur eine Hoffnung, wenn
K. diese Aussage zurücknehmen würde.
In der Nacht klopfte ich ihn an:
„Du … musst … deine … Aussage …
zurücknehmen …"
55 Er klopfte zurück:
„Warum?"
Ich: „Ist … zweite … Aussage … gegen …
mich … bedeutet … Todesurteil …"
Er: „Wusste … ich … nicht …"
60 Ich: „Wir … sind … nicht … hier … um … Wahrheit … zu … sagen …"
Er: „Nehme … zurück …"
Ich: „Danke …"

---

* **Gestapo:** „**Ge**heime **Sta**atspolizei" in der Zeit des Nationalsozialismus.
Die Gestapo hatte die Aufgabe, die Bevölkerung zu überwachen und Gegner der Nazi-
diktatur systematisch zu bekämpfen. Gestapobeamte waren von einer richterlichen
Überprüfung befreit und konnten Aussagen von Häftlingen auch durch Folter erwirken.

Er: „Morgen ...“

Ich: „Was ... brauchst ... du ...?“

65 Er: „Bleistift ...“

Ich: „Morgen ... Spaziergang ...“

Es wurde plötzlich hell. Das Auge der SS* blickte herein. Ich lag still unter der Decke. Es wurde wieder dunkel. Ich hatte Tränen in den Augen. „Nehme zurück.“ Das werde ich nie vergessen. Es kam ganz 70 fein und leise taktiert* durch die Wand. Eine Reihe von kaum wahrnehmbaren Tönen, und es bedeutete, dass für mich die Rettung unterwegs war. Sie bestand diese Nacht nur im Gehirn eines Todeskandidaten, drüben in Zelle acht, unsichtbar, winzig. Morgen würden es oben Worte werden, dann würde es ein unterschriebenes 75 Protokoll im Büro sein, und eines Tages würde dies alles dem Gericht vorliegen.

„Dank in die Ewigkeit, K.!“

Ich brach von meinem Bleistift die lange Grafitspitze ab und trug sie während des Spaziergangs bei mir. Es gingen ständig sechs 80 Mann, immer dieselben, die ich nicht kannte, im Kreis um den engen Gestapohof.

Zurückgekehrt standen wir auf unserem Flur zu drei Mann, weit voneinander entfernt, und warteten einige Sekunden, bis der Posten uns nachkam. Ich eilte heimlich auf Zelle acht zu, riss die Klappe 85 auf, warf die Bleistiftspitze hinein, schloss die Klappe lautlos und stellte mich eilig an meinen Platz. Ich werde nie das erstaunte Aufblicken seiner sehr blauen Augen, sein bleiches Gesicht, die Hände, die gefesselt vor ihm auf dem Tisch lagen, vergessen. Der Posten kam um die Ecke. Das Herz schlug mir bis in den Hals. Wir wurden 90 eingeschlossen.

Später klopfte es: „Danke ... habe ... Aussage ... zurückgenommen.“

Ich war gerettet.

Vielleicht.

---

* **SS:** „**S**chutz**s**taffel“; Kampftruppe, die keinen Gesetzesnormen, sondern nur dem Willen Hitlers unterstand; eines der wichtigsten Machtinstrumente Hitlers

* **taktiert:** hier durch rhythmisches Klopfen übermittelt

2 Beantworte stichpunktartig die folgenden W-Fragen.

Wer? _____

Was? _____

Wann? _____

Warum? _____

3 Lies die Kurzgeschichte ein zweites Mal und beantworte die folgenden Fragen.

a) Untersuche die Erzählperspektive und erläutere kurz, welche Wirkung sie hervorruft. Belege dein Ergebnis am Text. Schreibe in dein Heft.

b) Untersuche die Figuren näher. Trage stichpunktartig in die Tabelle ein, was der Text über die Figuren verrät.

Erzähler	K.
– das Leben des Erzählers scheint bedroht (Z. 1 – 3)	

c) Untersuche den Ort der Handlung.
Führe die Tabelle, in der die Beschreibungen des Ortes und die dadurch entstehende Atmosphäre aufgeführt sind, in deinem Heft fort. Belege deine Ergebnisse am Text.

Beschreibung des Ortes	Atmosphäre/Wirkung
– Pritsche, Wolldecke, Zelle (Z. 1 – 3)	– gefängnisartige Umgebung
– Licht nur durch das Guckloch (Z. 3 – 4)	– Dunkelheit, unmenschliche Umgebung
– ...	

d) Untersuche die Zeitstruktur des Geschehens. Beachte dazu den folgenden Merkkasten.

Bei der Zeitgestaltung eines Textes unterscheidet man	
erzählte Zeit	Erzählzeit
der Zeitraum, über den sich das dargestellte Geschehen erstreckt, wird durch den Anfang und das Ende des Geschehens markiert	die Zeitdauer, in der der Text gelesen wird
Das Verhältnis zwischen erzählter Zeit und Erzählzeit lässt sich beschreiben als Erzähltempo.	
erzählte Zeit < Erzählzeit	Zeitdehnung (Erzähltempo verzögert)
erzählte Zeit > Erzählzeit	Zeitraffung (Erzähltempo beschleunigt)
erzählte Zeit = Erzählzeit	Zeitdeckung

e) Benenne das Erzähltempo der angegebenen Textpassagen und begründe deine Ergebnisse.

Z.8–13 Erzähltempo: *Zeitraffung*

Begründung: *In wenigen Sätzen wird zusammengefasst, dass die Figuren viele Versuche unternehmen, sich zu verständigen („Ich wiederholte hundertmal, er verstand nicht", Z.10). Die erzählte Zeit ist daher länger als die Erzählzeit.*

Z.21–24 Erzähltempo:

Begründung:

Z.40–46 Erzähltempo:

Begründung:

4 Das Geschehen entwickelt sich an drei Punkten zu Gunsten des Erzählers. Nenne die entsprechenden Textstellen und erkläre die Entwicklung in eigenen Worten. Schreibe in dein Heft.

5 Der Text lässt vieles offen.

a) Notiere Fragen, die unbeantwortet bleiben, z. B.:

Aus welchem Grund ist der Erzähler verhaftet worden?

_____

_____

_____

_____

_____

b) Überlege, inwiefern sich die Atmosphäre des Textes geändert hätte, wenn diese Fragen beantwortet wären.

_____

_____

_____

_____

6 Erläutere, welche Bedeutung die „Wahrheit" für den Erzähler hat. Lies dazu noch einmal die Zeilen 53 – 66.

_____

_____

_____

_____

7 Untersuche das Ende des Textes genauer (Z. 92–93).

Ich war gerettet.
Vielleicht.

a) Markiere im gesamten Text Passagen, die den Ausgang der Kurzgeschichte andeuten.

b) Diskutiere, ob es sich um ein offenes Ende handelt oder nicht.
Beziehe die markierten Textstellen mit in deine Überlegung ein.

Die Kurzgeschichte „Die Aussage" von Günther Weisenborn endet

Der Schein trügt

1 Lies den Titel der folgenden Kurzgeschichte und notiere, was dir zu
der Redewendung „hinter jemandem stehen" einfällt.

_____

_____

_____

_____

2 Lies die Kurzgeschichte.

Martin Suter

Die Frau hinter Hostettler

Maja Hostettler ist Hostettlers engste Beraterin, wenn es um Fragen
geht, die im weitesten Sinn karriererelevant sind. Jeden Abend, an
dem er nicht beruflich verhindert ist, berichtet er ihr detailliert über
die Kollegen, Konkurrenten und Vorgesetzten, die sein Weiterkom-
5 men auf die eine oder andere Art beeinflussen könnten. Sie hört
ihm aufmerksam zu und gewichtet die Informationen aus ihrer –
der weiblich-intuitiven – Sicht. Sie kennt das berufliche Umfeld
ihres Mannes inzwischen genauso gut wie er und weiß, ob ihm
jemand eine Information aus Versehen oder mit Absicht vorenthal-
10 ten hat, wie er auf das Fehlen seines Namens auf der Präsenzliste
eines Sitzungsprotokolls reagieren soll und welche Krawatte sowohl
zu seinem Anzug als auch zu seinen Terminen passt. Hostettlers
Karriere ist zwar nicht gerade steil verlaufen. Aber dass sie wenigs-
tens keine Knicke aufweist, hat er vor allem Majas Beratung zu ver-
15 danken.
Diese ist gerade jetzt wieder sehr gefragt, wo Hostettler bei der fälli-
gen Beförderung zum Mitglied des Direktoriums übergangen wurde.
„Vielleicht bist du zu farblos", sagt Maja beim Essen.
„Farblos?", fragt Hostettler und schaut an sich herunter.
20 Die Krawatte kann sie nicht meinen.
„Du trinkst nicht, rauchst nicht, hast keine Freundin."

„Aber das spricht doch eher für mich, sollte man meinen."

„Nicht in den Augen von Wellauer."

„Ich kann doch wegen dem nicht anfangen zu saufen und zu schlo-
25 ten", protestiert Hostettler.

Maja schüttelt den Kopf.

„Du meinst ...?"

Maja hebt die Schultern. „Sie kann ja auch nur vorgetäuscht sein."

„Und das würde dir nichts ausmachen?"

30 „Wenn es deine Ausgangslage bei Wellauer verbessert, habe ich ja
auch etwas davon."

Hostettler beginnt also mit Majas Hilfe eine Affäre vorzutäuschen.
Er turtelt mit ihr vor Zeugen am Telefon, nennt sie „Mäuschen" und
verabredet sich für den Abend. Dann ruft er sie vor den gleichen
35 Zeugen wieder an, nennt sie „Maja" und bittet sie, nicht mit dem
Essen auf ihn zu warten, „ein Meeting mit *open end*".

Es dauert nicht lange, bis es sich herumgesprochen hat. Schon nach
ein paar Tagen kann er Maja rapportieren, dass ihm Wellauer nach
Feierabend in der Tiefgarage aus dem offenen Fenster seines BMW
40 augenzwinkernd „schönes *open end*" zugerufen hat.

Maja doppelt sofort nach. Hostettler muss sich jeden Freitag im
„Hilton" ein Doppelzimmer mieten und Champagnerimbisse für
zwei ins Zimmer kommenlassen. Die Rechnung muss er jeweils mit
der Firmenkreditkarte bezahlen und in der
45 Buchhaltung verschwörerisch rückerstatten,
„bevor sie auf Wellauers Schreibtisch landet".
Fast täglich kann er Maja jetzt von Fort-
schritten in seiner Beziehung zu Wellauer
berichten. Dessen frühere Distanz ihm
50 gegenüber ist einer fast freundschaft-
lichen Vertraulichkeit gewichen.

An einem Freitag, sechs Wochen nach
Beginn der „Affäre", ist sich Hostettler seiner Sache so sicher, dass er das fingierte
55 Schäferstündchen im „Hilton" spontan
abbricht und schon um zehn nach Hause
fährt.

Vor dem Gartentor parkt Wellauers BMW.

3 Lies die Zeilen 1 bis 15 noch einmal.

a) Fasse in eigenen Worten zusammen, auf welche Art und Weise die Kurzgeschichte beginnt.

_____

_____

_____

b) Suche einen passenden Begriff für diese Art Anfang.

_____

4 Untersuche, ob es sich bei dem Erzähler um einen Unbeteiligten oder um eine Figur der erzählten Welt handelt. Belege dein Ergebnis am Text.

_____

_____

_____

5 In der Kurzgeschichte wird mit Hilfe verschiedener sprachlicher Mittel ein besonderer Tonfall erzeugt.

a) Untersuche den Satzbau. Schreibe auf, was du auffällig findest. Belege dein Ergebnis mit Textbeispielen.

_____

_____

_____

_____

b) Untersuche das Erzähltempo. Welches Erzähltempo (vgl. S. 26)
liegt der Kurzgeschichte zu Grunde?

_____

_____

c) Benenne den Tonfall.

_____

_____

6 Die Kurzgeschichte hat ein unerwartetes Ende:

Vor dem Gartentor parkt Wellauers BMW.

a) Welche Interpretation liegt deiner Meinung nach nahe?

_____

_____

_____

b) Durch den Schluss der Geschichte können Handlung und Titel
neu gedeutet werden. Erkläre die Veränderung im Bezug auf …

… die Handlung: _____

_____

… die Figur der Ehefrau: _____

_____

… den Titel: _____

_____

Eine Charakterisierung schreiben

Mit Hilfe einer Charakterisierung kannst du eine Figur genau beschreiben.

1 Lies die folgenden Handlungsschritte zum Verfassen einer Charakterisierung.

Schritt 1: Informationen zur Figur auswerten und ordnen

– Notiere alle Merkmale, die der Text über die Figur verrät. Unterscheide dabei: äußere Merkmale (z. B. Verhalten, Aussehen, Lebensumstände) und innere Merkmale (z. B. Gefühle und Gedanken).
– Untersuche, wer sich im Text über die Figur äußert (z. B. eine andere Figur, der Erzähler, die Figur selbst).
– Markiere Textstellen, die du zitieren möchtest.
– Werte deine Informationen aus: Streiche Überflüssiges, hebe Wichtiges hervor. Ordne deine Notizen nach Wichtigkeit.

Schritt 2: Die Charakterisierung planen

Eine Charakterisierung gliedert sich in Einleitung, Hauptteil und Schluss und wird im Präsens verfasst. In einem Schreibplan notierst du den Aufbau der Charakterisierung.

Die **Einleitung** enthält Informationen über den Autor, den Titel, das Thema und die Textsorte.

Im **Hauptteil** werden nach der folgenden Reihenfolge die Informationen über die Figur zusammengestellt:
1. allgemeine Angaben, Aussehen, Lebensumstände
2. Verhaltensweisen und Eigenschaften
3. Wünsche und Ziele, Verhältnis zu den Mitmenschen
Im **Schlussteil** wird die Figur abschließend beurteilt.

Schritt 3: Den Text formulieren

Nutze für deine Charakterisierung den Schreibplan, deine geordneten Notizen und ausgewählte Zitate.

Schritt 4: Die Charakterisierung überarbeiten

Überprüfe anhand des Schreibplans, ob du alle relevanten Informationen wiedergegeben hast.
Ist deine Schlussfolgerung logisch?

---

2 Lies die folgende Charakterisierung von Maja Hostettler.

Achtung Fehler!

„Die Frau hinter Hostettler" ist ein Text von Martin Suter.
Maja Hostettler ist eine der Hauptfiguren. Über ihr Äußeres gibt der
Text keine Hinweise. Sie hat aber ein starkes Gespür für alle karriererelevanten Fragen ihres Mannes. Daher ist sie seine engste Beraterin
5 und hört ihm beim Abendessen stets aufmerksam zu, wenn er von
der Arbeit erzählt. Sie sucht auch seine Krawatten aus. Maja hat
starken Einfluss auf ihren Mann, was sich insbesondere darin zeigt,
dass er auf ihren Wunsch hin eine Affäre vortäuscht. Hostettler muss
sie am Telefon „Mäuschen" nennen und so tun, als sei sie seine
10 Geliebte. Als sich der Erfolg der vorgetäuschten Affäre herausstellt,
muss Hostettler auf Majas Anweisung hin noch weitergehen: „Maja
doppelt sofort nach" (Z.41). Hostettler muss sich jeden Freitag ein
Zimmer im Hilton mieten und dort Champagnerimbisse für zwei
bestellen. Das Leben der Hostettlers verläuft so, wie Majas es
15 bestimmt.
Wie das Ende der Kurzgeschichte zeigt, führt sie ein doppeltes Spiel.
Denn sie profitiert einerseits von dem größeren Einfluss ihres Mannes, andererseits auch durch die vorgetäuschte Affäre, die es ihr
ermöglicht, ihre eigene Affäre geheim zu halten. Sie ist sich ihrer
20 Macht über Hostettler so sicher, dass sie Wellauer sogar bei sich zu
Hause empfängt: „Vor dem Gartentor parkte Wellauers BMW" (Z.58).
Obwohl Maja gut organisiert ist, zeigt das Ende der Kurzgeschichte,
dass sie doch nicht an alles gedacht hat.

3 Überarbeite die Charakterisierung.

a) Gliedere den Text nach Einleitung, Hauptteil und Schluss.

b) Schreibe auf, welche Angaben in der Einleitung fehlen.
Arbeite im Heft.

c) Lies den Hauptteil noch einmal. Welche Angaben findest du
überflüssig? Streiche sie durch.

d) Findest du die Beurteilung von Maja im Schlussteil nachvollziehbar? Begründe schriftlich in deinem Heft.

4 Überarbeite mit Hilfe der Aufgabe 3 die Charakterisierung von Maja
Hostettler. Schreibe in dein Heft.

Komisches

1 Lies den folgenden Text.

Elke Heidenreich und Bernd Schroeder

Heute Morgen im Südpark

Heute Morgen bin ich durch den Südpark gelaufen. Gerannt. Ein Eichhörnchen schaute mir dabei zu. Als ich zum zweiten Mal an dem Eichhörnchen vorbeikam, fragte es streng: „Warum rennt ihr alle so?"

5 „Um uns zu bewegen", sagte ich.
„Warum klettert ihr nicht auf Bäume?"
„Das können wir nicht."
„Braucht ihr keine Nüsse?"
„Nein."
10 „Warum wollt ihr euch dann bewegen?"
„Weil wir zu viel sitzen."
„Was macht ihr, wenn ihr sitzt, knackt ihr Nüsse?"
„Nein, wir lesen."
15 „Ihr macht was?"
„Lesen."
„Was ist das?"
„Wir lassen uns Geschichten erzählen."
„Was für Geschichten?"
20 „Von sprechenden Eichhörnchen, zum Beispiel."
Es sah mich verblüfft an.
„Es gibt sprechende Eichhörnchen?", fragte es.
25 Ich sagte: „Ja, manchmal."
Das Eichhörnchen sagte: „So was glaube ich einfach nicht" und sprang davon.
Ich rannte noch einmal um die große Wiese herum, und ich hatte das Gefühl,
30 als säße das Eichhörnchen oben im Baum und sähe verächtlich auf mich Lügnerin herab.

2 Bearbeite die folgenden Aufgaben in vollständigen Sätzen.

a) Fasse zusammen, wie die Geschichte beginnt. Handelt es sich um einen typischen Anfang für eine Kurzgeschichte?

_____

_____

_____

b) Teile die Erzählung in Erzählabschnitte (Markierungen im Text und Zeilenangaben) ein.
Fasse die Erzählabschnitte in der Tabelle jeweils in einem Satz zusammen. Benenne außerdem das jeweilige Erzähltempo (vgl. S. 26).

Zeilen	Kurzzusammenfassung und Erzähltempo

3 Diskutiere, ob es sich bei dem Text „Heute Morgen im Südpark" um eine Kurzgeschichte handelt oder nicht. Beachte dabei deine Ergebnisse aus Aufgabe 2 und den Merkkasten zur Kurzgeschichte (S. 8). Schreibe in dein Heft.

4 Untersuche den Dialog in den Zeilen 3 – 27 ausführlicher.

a) Sieh dir die einzelnen Sätze genauer an. Notiere, was du an ihrer Form auffällig findest. Gib Beispiele aus dem Text an.

_____

_____

_____

_____

_____

b) Erkläre, welche Wirkung durch die Sprachform und den Satzbau hervorgerufen wird.

_____

_____

_____

_____

5 Wir empfinden etwas als komisch, wenn es unseren Erwartungen widerspricht.

a) Lies den Text „Heute Morgen im Südpark" noch einmal. Markiere im Text die erste Stelle, die einen Bruch mit den Erwartungen der Leserin / des Lesers darstellt.

b) Begründe deine Wahl.

_____

_____

_____

6 Lies die folgenden Erklärungen dazu, was komisch ist.

„Die Wahrnehmung des Komischen ist die Wahrnehmung von etwas, das aus einer Gesamtordnung der Dinge *herausfällt*.“

„Auch beschwört das Komische eine eigene Welt herauf, die sich von der Welt der gewöhnlichen Realität unterscheidet und anderen Regeln folgt. In der Welt des Komischen sind die Begrenzungen der menschlichen Existenz auf wunderbare Weise aufgehoben.“

(Peter L. Berger, Erlösendes Lachen: Das Komische in der menschlichen Erfahrung)

a) Fasse die Erklärungen in eigenen Worten zusammen.
Schreibe in dein Heft.

b) Nenne und begründe weitere Stellen im Text, die komisch sind, mit ihren jeweiligen Zeilenangaben.

_____

_____

_____

_____

_____

_____

c) Beschreibe in eigenen Worten, wie sich die Welt in „Heute Morgen im Südpark" von der Welt der gewöhnlichen Realität unterscheidet. Schreibe in dein Heft.

7 Lies den Dialog (Z.4 – 27) gemeinsam mit einer Lerpartnerin / einem Lernpartner ausdrucksstark vor.

Wahrheit und Wirklichkeit

1 Lies die Überschrift der Kurzgeschichte und notiere, was du dir unter einem „Freund der Regierung" vorstellst.

_____

_____

_____

2 Lies nun die Kurzgeschichte, die in Sinneinheiten unterteilt ist, abschnittsweise.

a) Überlege dir zu jedem Handlungsabschnitt eine passende Überschrift.

Siegfried Lenz

Ein Freund der Regierung

(Z.1–16): _____

Zu einem Wochenende luden sie Journalisten ein, um ihnen an Ort und Stelle zu zeigen, wie viele Freunde die Regierung hatte. Sie wollten uns beweisen, daß alles, was über das unruhige Gebiet geschrieben wurde, nicht zutraf: die Folterungen nicht, die Armut und vor
5 allem nicht das wütende Verlangen nach Unabhängigkeit. So luden sie uns sehr höflich ein, und ein sehr höflicher, tadellos gekleideter Beamter empfing uns hinter der Oper und führte uns zum Regierungsbus. Es war ein neuer Bus; ein Geruch von Lack und Leder umfing uns, leise Radiomusik, und als der Bus anfuhr, nahm der
10 Beamte ein Mikrofon aus der Halterung, kratzte mit dem Fingernagel über den silbernen Verkleidungsdraht und hieß uns noch einmal mit sanfter Stimme willkommen. Bescheiden nannte er seinen Namen – „Ich heiße Garek" , sagte er – ; dann wies er uns auf die Schönheiten der Hauptstadt hin, nannte Namen und Anzahl der
15 Parks, erklärte uns die Bauweise der Mustersiedlung, die auf einem kalkigen Hügel lag, blendend unter dem frühen Licht.

(Z.17−58): _____

Hinter der Hauptstadt gabelte sich die Straße; wir verloren die Nähe des Meers und fuhren ins Land hinein, vorbei an steinübersäten Feldern, an braunen Hängen; wir fuhren zu einer Schlucht und auf
20 dem Grunde der Schlucht bis zur Brücke, die über ein ausgetrocknetes Flußbett führte. Auf der Brücke stand ein junger Soldat, der mit einer Art lässiger Zärtlichkeit eine handliche Maschinenpistole trug und uns fröhlich zuwinkte, als wir an ihm vorbei über die Brücke fuhren. Auch im ausgetrockneten Flußbett, zwischen den
25 weißgewaschenen Kieseln, standen zwei junge Soldaten, und Garek sagte, daß wir durch ein sehr beliebtes Übungsgebiet führen.
Serpentinen hinauf, über eine heiße Ebene, und durch die geöffneten Seitenfenster drang feiner Kalkstaub ein, brannte in den Augen; Kalkgeschmack lag auf den Lippen. Wir zogen die Jacketts aus.
30 Nur Garek behielt sein Jackett an; er hielt immer noch das Mikrofon in der Hand und erläuterte mit sanfter Stimme die Kultivierungspläne, die sie in der Regierung für dieses tote Land ausgearbeitet hatten. Ich sah, daß mein Nebenmann die Augen geschlossen, den Kopf zurückgelegt hatte; seine Lippen waren trocken und kalkblaß,
35 die Adern der Hände, die auf dem vernickelten Metallgriff lagen, traten bläulich hervor. Ich wollte ihn in die Seite stoßen, denn mitunter traf uns ein Blick aus dem Rückspiegel, Gareks melancholischer Blick, doch während ich es noch überlegte, stand Garek auf, kam lächelnd über den schmalen Gang nach hinten und verteilte
40 Strohhalme und eiskalte Getränke in gewachsten Papptüten.
Gegen Mittag fuhren wir durch ein Dorf; die Fenster waren mit Kistenholz vernagelt, die schäbigen Zäune aus trockenem Astwerk löcherig, vom Wind der Ebene auseinandergedrückt. Auf den flachen Dächern hing keine Wäsche zum Trocknen. Der Brunnen war
45 abgedeckt; kein Hundegebell verfolgte uns, und nirgendwo erschien ein Gesicht. Der Bus fuhr mit unverminderter Geschwindigkeit vorbei, eine graue Fahne von Kalkstaub hinter sich herziehend, grau wie eine Fahne der Resignation.
Wieder kam Garek über den schmalen Gang nach hinten, verteilte
50 Sandwiches, ermunterte uns höflich und versprach, daß es nicht mehr allzu lange dauern würde, bis wir unser Ziel erreicht hätten. Das Land wurde hügelig, rostrot; es war jetzt von großen Steinen bedeckt, zwischen denen kleine farblose Büsche wuchsen. Die Straße senkte sich, wir fuhren durch einen tunnelartigen Einschnitt.

55 Die Halbrundungen der Sprenglöcher warfen schräge Schatten auf
die zerrissenen Felswände. Eine harte Glut schlug in das Innere des
Busses. Und dann öffnete sich die Straße, und wir sahen das von
einem Fluss zerschnittene Tal und das Dorf neben dem Fluß.

(Z.59 – 68): _____

Garek gab uns ein Zeichen, Ankündigung und Aufforderung; wir
60 zogen die Jacketts an, und der Bus fuhr langsamer und hielt auf
einem lehmig verkrusteten Platz, vor einer sauber gekalkten Hütte.
Der Kalk blendete so stark, daß beim Aussteigen die Augen
schmerzten. Wir traten in den Schatten des Busses, wir schnippten
die Zigaretten fort. Wir blickten aus zusammengekniffenen Augen
65 auf die Hütte und warteten auf Garek, der in ihr verschwunden war.
Es dauerte einige Minuten, bis er zurückkam, aber er kam zurück,
und er brachte einen Mann mit, den keiner von uns je zuvor gese-
hen hatte.

(Z.69 – 141) _____

„Das ist Bela Bonzo", sagte Garek und wies auf den Mann; „Herr
70 Bonzo war gerade bei einer Hausarbeit, doch er ist bereit, Ihnen auf
alle Fragen zu antworten."
Wir blickten freimütig auf Bonzo, der unsere Blicke ertrug, indem er
sein Gesicht leicht senkte. Er hatte ein altes Gesicht, staubgrau;
scharfe, schwärzliche Falten liefen über seinen Nacken; seine Ober-
75 lippe war geschwollen. Bonzo, der gerade bei einer Hausarbeit überrascht worden war, war sauber gekämmt, und die verkrusteten
Blutspuren an seinem alten, mageren Hals zeugten von einer hefti-
gen und sorgfältigen Rasur. Er trug ein frisches Baumwollhemd,
Baumwollhosen, die zu kurz waren und kaum bis zu den Knöcheln
80 reichten; seine Füße steckten in neuen, gelblichen Rohlederstiefeln,
wie Rekruten sie bei der Ausbildung tragen.
Wir begrüßten Bela Bonzo, jeder von uns gab ihm die Hand, dann
nickte er und führte uns in sein Haus. Er lud uns ein, voranzugehen,
wir traten in eine kühle Diele, in der uns eine alte Frau erwartete;
85 ihr Gesicht war nicht zu erkennen, nur ihr Kopftuch leuchtete in
dem dämmrigen Licht. Die Alte bot uns faustgroße, fremde Früchte
an, die Früchte hatten ein saftiges Fleisch, das rötlich schimmerte,

so daß ich am Anfang das Gefühl hatte, in eine frische Wunde zu beißen.

90 Wir gingen wieder auf den lehmigen Platz hinaus. Neben dem Bus standen jetzt barfüßige Kinder; sie beobachteten Bonzo mit unerträglicher Aufmerksamkeit, und dabei rührten sie sich nicht und sprachen nicht miteinander. Nie trafen ihre Blicke einen von uns. Bonzo schmunzelte in rätselhafter Zufriedenheit.

95 „Haben Sie keine Kinder?" fragte Pott-gießer.

Es war die erste Frage, und Bonzo sagte schmunzelnd:

„Doch, doch, ich hatte einen Sohn. Wir
100 versuchen gerade, ihn zu vergessen. Er hat sich gegen die Regierung aufgelehnt. Er war faul, hat nie etwas getaugt, und um etwas zu werden, ging er zu den Saboteuren, die überall für Unruhe
105 sorgen. Sie kämpfen gegen die Regierung, weil sie glauben, es besser machen zu können." Bonzo sagte es entschieden, mit leiser Eindringlichkeit; während er sprach, sah ich, daß ihm die
110 Schneidezähne fehlten.

„Vielleicht würden sie es besser machen", sagte Pottgießer. Garek lächelte vergnügt, als er diese Frage hörte, und Bonzo sagte:

115 „Alle Regierungen gleichen sich darin, daß man sie ertragen muß, die einen leichter, die andern schwerer. Diese Regierung kennen wir, von der anderen kennen wir nur die Versprechungen."

120 Die Kinder tauschten einen langen Blick.

„Immerhin ist das größte Versprechen die Unabhängigkeit", sagte Bleiguth.

„Die Unabhängigkeit kann man nicht essen", sagte Bonzo schmun-
125 zelnd. „Was nützt uns die Unabhängigkeit, wenn das Land verarmt. Diese Regierung aber hat unsern Export gesichert. Sie hat dafür gesorgt, daß Straßen, Krankenhäuser und Schulen gebaut wurden.

Sie hat das Land kultiviert und wird es noch mehr kultivieren. Außerdem hat sie uns das Wahlrecht gegeben."

130 Eine Bewegung ging durch die Kinder, sie faßten sich bei den Händen und traten unwillkürlich einen Schritt vor. Bonzo senkte das Gesicht, schmunzelte in seiner rätselhaften Zufriedenheit, und als er das Gesicht wieder hob, suchte er mit seinem Blick Garek, der bescheiden hinter uns stand.

135 „Schließlich", sagte Bonzo, ohne gefragt worden zu sein, „gehört zur Unabhängigkeit auch eine gewisse Reife. Wahrscheinlich könnten wir gar nichts anfangen mit der Unabhängigkeit. Auch für Völker gibt es ein Alter, in dem sie mündig werden: wir haben dieses Alter noch nicht erreicht. Und ich bin ein Freund dieser Regierung, weil

140 sie uns in unserer Unmündigkeit nicht im Stich läßt. Ich bin ihr dankbar dafür, wenn Sie es genau wissen wollen."

(Z. 142–176): _____

Garek entfernte sich zum Bus, Bonzo beobachtete ihn aufmerksam, wartete, bis die schwere Bustür zufiel und wir allein dastanden auf dem trockenen, lehmigen Platz. Wir waren unter uns, und Finke

145 vom Rundfunk wandte sich mit einer schnellen Frage an Bonzo: „Wie ist es wirklich? Rasch, wir sind allein." Bonzo schluckte, sah Finke mit einem Ausdruck von Verwunderung und Befremden an und sagte langsam: „Ich habe Ihre Frage nicht verstanden."

„Jetzt können wir offen sprechen", sagte Finke hastig.

150 „Offen sprechen", wiederholte Bonzo bedächtig und schmunzelte breit, so daß seine Zahnlücken sichtbar wurden.

„Was ich gesagt habe, ist offen genug: wir sind Freunde dieser Regierung, meine Frau und ich; denn alles, was wir sind und erreicht haben, haben wir mit ihrer Hilfe erreicht. Dafür sind wir ihr dank-

155 bar. Sie wissen, wie selten es vorkommt, daß man einer Regierung für irgendwas dankbar sein kann – wir sind dankbar. Und auch mein Nachbar ist dankbar, ebenso wie die Kinder dort und jedes Wesen im Dorf.

Klopfen Sie an jede Tür, Sie werden überall erfahren, wie dankbar

160 wir der Regierung sind."

Plötzlich trat Gum, ein junger, blasser Journalist, auf Bonzo zu und flüsterte: „Ich habe zuverlässige Nachricht, daß Ihr Sohn gefangen und in einem Gefängnis der Hauptstadt gefoltert wurde. Was sagen Sie dazu?"

165 Bonzo schloß die Augen, Kalkstaub lag auf seinen Lidern; schmun-
zelnd antwortete er: „Ich habe keinen Sohn, und darum kann er
nicht gefoltert worden sein. Wir sind Freunde der Regierung, hören
Sie? Ich bin ein Freund der Regierung."
Er zündete sich eine selbstgedrehte, krumme Zigarette an, inha-
170 lierte heftig und sah zur Bustür hinüber, die jetzt geöffnet wurde.
Garek kam zurück und erkundigte sich nach dem Stand des
Gesprächs. Bonzo wippte, indem er die Füße von den Hacken über
die Zehenballen abrollen ließ. Er sah aufrichtig erleichtert aus, als
Garek wieder zu uns trat, und er beantwortete unsere weiteren Fra-
175 gen scherzhaft und ausführlich, wobei er die Luft mitunter zischend
durch die vorderen Zahnlücken entweichen ließ.

(Z. 177–194) _____

Als ein Mann mit einer Sense vorüberging, rief Bonzo ihn an; der
Mann kam mit schleppendem Schritt heran, nahm die Sense von
der Schulter und hörte aus Bonzos Mund die Fragen, die wir
180 zunächst ihm gestellt hatten. Der Mann schüttelte unwillig den
Kopf: er war ein leidenschaftlicher Freund der Regierung, und jedes
seiner Bekenntnisse quittierte Bonzo mit stillem Triumph. Schließlich reichten sich die Männer in unserer Gegenwart die Hand, wie
um ihre gemeinsame Verbundenheit mit der Regierung zu besie-
185 geln.
Auch wir verabschiedeten uns, jeder von uns gab Bonzo die Hand –
ich zuletzt; doch als ich seine rauhe, aufgesprungene Hand nahm,
spürte ich eine Papierkugel zwischen unseren Handflächen. Ich zog
sie langsam, mit gekrümmten Fingern ab, ging zurück und schob
190 die Papierkugel in die Tasche. Bela Bonzo stand da und rauchte in
schnellen, kurzen Stößen; er rief seine Frau heraus, und sie, Bonzo
und der Mann mit der Sense beobachteten den abfahrenden Bus,
während die Kinder einen mit Steinen und jenen farblosen kleinen
Büschen bedeckten Hügel hinaufstiegen.

(Z. 195–230): _____

195 Wir fuhren nicht denselben Weg zurück, sondern überquerten die
heiße Ebene, bis wir auf einen Eisenbahndamm stießen, neben dem
ein Weg aus Sand und Schotter lief. Während dieser Fahrt hielt ich
eine Hand in der Tasche, und in der Hand die kleine Papierkugel, die

einen so harten Kern hatte, daß die Fingernägel nicht hineinschnei-
den konnten, sosehr ich auch drückte. Ich wagte nicht, die Papierkugel herauszunehmen, denn von Zeit zu Zeit erreichte uns Gareks
melancholischer Blick aus dem Rückspiegel. Ein schreckhafter
Schatten flitzte über uns hinweg und über das tote Land; dann erst
hörten wir das Propellergeräusch und sahen das Flugzeug, das nied-
rig über den Eisenbahndamm flog in Richtung zur Hauptstadt,
kehrtmachte am Horizont, wieder über uns hinwegbrauste und uns
nicht mehr allein ließ.

Ich dachte an Bela Bonzo, hielt die Papierkugel mit dem harten
Kern in der Hand, und ich fühlte, wie die Innenfläche meiner Hand
feucht wurde. Ein Gegenstand erschien am Ende des Bahndamms
und kam näher, und jetzt erkannten wir, daß es ein Schienenauto
war, auf dem junge Soldaten saßen. Sie winkten freundlich mit
ihren Maschinenpistolen zu uns herüber. Vorsichtig zog ich die
Papierkugel heraus, sah sie jedoch nicht an, sondern schob sie
schnell in die kleine Uhrtasche, die einzige Tasche, die ich zuknöp-
fen konnte. Und wieder dachte ich an Bela Bonzo, den Freund der
Regierung: noch einmal sah ich seine gelblichen Rohlederstiefel, die
träumerische Zufriedenheit seines Gesichts und die schwarzen
Zahnlücken, wenn er zu sprechen begann. Niemand von uns zweifelte daran, daß wir in ihm einen aufrichtigen Freund der Regierung
getroffen hatten.

Am Meer entlang fuhren wir in die Hauptstadt zurück; der Wind
brachte das ziehende Kußgeräusch des Wassers herüber, das gegen
die unterspülten Felsen schlug. An der Oper stiegen wir aus, höflich
verabschiedet von Garek. Allein ging ich ins Hotel zurück, fuhr mit
dem Lift in mein Zimmer hinauf, und auf der Toilette öffnete ich die
Papierkugel, die der Freund der Regierung mir heimlich anvertraut
hatte: sie war unbeschrieben, kein Zeichen, kein Wort, doch einge-
wickelt lag im Papier ein von bräunlichen Nikotinspuren bezogener
Schneidezahn.

(Z. 231–232): _____

Es war ein menschlicher, angesplitterter Zahn, und ich wußte, wem
er gehört hatte. R

b) Fasse die Textabschnitte in ein bis zwei Sätzen zusammen.
Schreibe in dein Heft.

3 Lies noch einmal den letzten Abschnitt der Kurzgeschichte und überprüfe dein neues Verständnis des Titels.

a) Was hat sich an deiner Sichtweise geändert?

_____

_____

_____

_____

b) Überlege dir einen Titel, den du nach deiner jetzigen Kenntnis des Textes sinnvoll findest.

_____

_____

c) Das Stilmittel, das der Text im letzten Abschnitt aufweist, nennt sich „nachträgliche Erhellung" oder „Entlarvung". Erkläre, was damit gemeint sein könnte. Belege deine Erklärung am Text.

_____

_____

_____

_____

_____

_____

4 Die Darstellung der Wirklichkeit lässt sich mit zwei "Welten"
vergleichen.

a) Welche Welten werden im Text gegenübergestellt?
Trage zwei passende Begriffe in die Kopfzeile der Tabelle ein.

b) Kreise im Text mit zwei unterschiedlichen Farben alle Attribute
und sprachlichen Elemente ein, die sich den zwei Welten
zuordnen lassen.

c) Fasse deine Ergebnisse mit Zeilenangaben in der Tabelle
zusammen.

–Welt	–Welt
– höflich (Z. 6)	– kalkig (Z. 16)
– tadellos gekleidet (Z. 6)	– blendend (Z. 16)
– neu (Z. 8)	– steinübersät (Z. 18)

d) Erläutere, inwiefern die sprachlichen Elemente die Wirkung
der jeweiligen Welt unterstützen.

_____

_____

_____

_____

5 Viele der Aussagen wirken auf den Leser ironisch (d.h.: das Gesagte ist das Gegenteil des Gemeinten) und unglaubwürdig.

a) Lies das folgende Beispiel und erkläre, mit welchem sprachlichen Mittel diese ironische Wirkung erzeugt wird.

"Auf der Brücke stand ein junger Soldat, der mit einer Art lässiger Zärtlichkeit eine handliche Maschinenpistole trug und uns fröhlich zuwinkte, als wir an ihm vorbei über die Brücke fuhren." (Z. 21 – 24)

_____

_____

_____

_____

b) Suche in der Kurzgeschichte nach Textstellen, die in ähnlicher Weise ironisch oder unglaubwürdig wirken. Schreibe sie mit ihren Zeilenangaben auf. Schreibe in dein Heft.

6 Du kennst den Schluss des Textes. Suche mindestens drei Textstellen heraus, die das „wahre" Gesicht der Regierung schon im Vorfeld andeuten. Schreibe in dein Heft.

Zeile 4 – 5: „...die Folterungen nicht, die Armut und vor allem

nicht das wütende Verlangen nach Unabhängigkeit."

_____

_____

_____

_____

7 Die besondere Struktur des Textes kann grafisch dargestellt werden. Man spricht dann von einer „Visualisierung". Im Folgenden findest du Entwürfe, die die Struktur der Kurzgeschichte „Ein Freund der Regierung" darstellen.

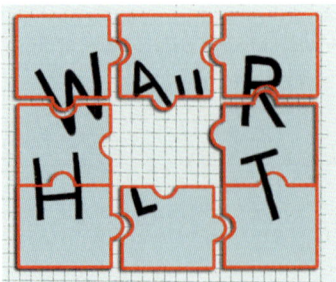

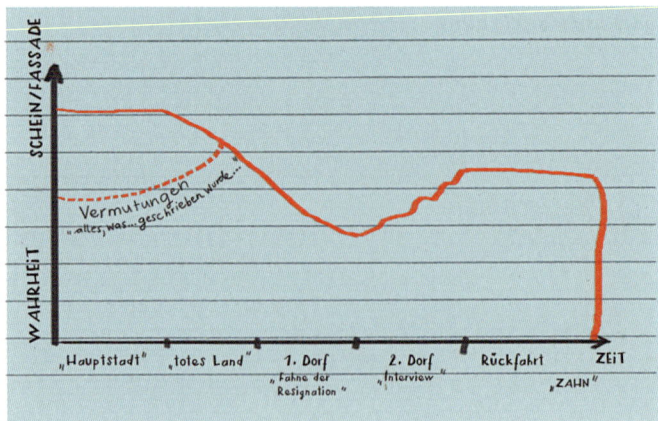

a) Wähle die Darstellung, die nach deiner Meinung die Textstruktur am besten wiedergibt.

b) Begründe deine Wahl.

_____

_____

_____

_____

_____

_____

8 Ort und Zeit werden in dieser Kurzgeschichte nicht konkret benannt. Erkläre, welche Wirkung damit verbunden ist.

_____

_____

_____

_____

_____

_____

9 Der Ich-Erzähler bereist das Land als Journalist. Schreibe aus seiner Sicht einen Zeitungsbericht oder eine Reportage, indem du die Informationen verarbeitest, die der Text anbietet. Schreibe in dein Heft.

Kurz und gut

Die folgende Kurzgeschichte gilt als eine der kürzesten jemals geschriebenen Kurzgeschichten.

1 Lies die Kurzgeschichte von Augusto Monterroso.

Augusto Monterroso

Der Dinosaurier

Als er aufwachte, war der Dinosaurier immer noch da.

2 Handelt es sich bei dem Text um eine Kurzgeschichte? Schreibe deinen ersten Eindruck auf.

_____

_____

_____

3 Überprüfe nun, ob der Text die typischen Merkmale einer Kurzgeschichte enthält (vgl. S. 8). Begründe deine Aussage.

_____

_____

_____

_____

_____

_____

_____

4 Auch wenn der Text besonders kurz ist, kannst du ihn mit dem typischen „Handwerkszeug" erschließen und analysieren. Beantworte dazu folgende Fragen.

a) Wer erzählt?

_____

_____

_____

b) Was wird erzählt?

_____

_____

_____

_____

c) Welche Fragen bleiben offen?

_____

_____

d) Beachte die Stellung von Haupt- und Nebensatz.
Welche Wirkung wird mit der gewählten Anordnung erzeugt?*

_____

_____

_____

* Zur Probe kannst du Haupt-und Nebensatz vertauschen und die unterschiedliche Wirkung beschreiben. Achte auch auf die Akteure.

5 Es heißt, eine gute Kurzgeschichte führe zu einer Explosion der Gedanken. Beschreibe das Bild, das in deinem Kopf entsteht, wenn du den Text liest.

_____

_____

_____

_____

_____

_____

6 Die adverbiale Bestimmung „immer noch" zeigt, dass es auch ein DAVOR zu der Handlung der Kurzgeschichte geben muss. Verfasse eine Vorgeschichte zum Text „Der Dinosaurier".

_____

_____

_____

_____

_____

_____

_____

_____

_____

_____

7 Lies die Kurzgeschichte „Verabschiedung".

Anton Tschechow

Verabschiedung

Und vor Freude darüber, dass die Gäste endlich gingen, sagte die Frau des Hauses: Bleiben Sie doch noch ein wenig.

8 Untersuche den Beginn der Kurzgeschichte. Wie wirkt es auf dich, dass der Text mit der Konjunktion „und" beginnt?

_____

_____

_____

9 Erkläre, worin die Pointe der Geschichte besteht.

_____

_____

_____

10 Der Text lässt offen, was im Vorfeld der Verabschiedung geschehen ist. Mache dir Notizen, was passiert sein könnte.

_____

_____

_____

_____

_____

11 Verfasse einen inneren Monolog aus der Perspektive der Gastgeberin, in dem sie die Leserin / den Leser daran teilhaben lässt, was
sie über die Feier und ihre Gäste vor der Verabschiedung denkt und
fühlt.

_____

_____

_____

_____

_____

_____

12 Du hast nun die zwei sehr kurzen Geschichten
von Augusto Monterroso und von Anton Tschechow gelesen.

a) Verfasse selbst eine Kurzgeschichte, die nicht länger ist als zwei
Sätze.

_____

_____

_____

_____

_____

b) Tausche deine Geschichte mit einer Lernpartnerin / einem Lernpartner aus. Diskutiert darüber, warum eure Texte der Gattung
Kurzgeschichte zugeordnet werden können.